나치 시절, 쾰른 시민들의 운명은?

걸림돌

! 희생된 사람들을
!지 않기 위하여…

걸림돌

나치의 학살로 희생된 사람들을
잊지 않기 위하여…

초판 1쇄 인쇄 2016년 2월 25일
초판 1쇄 발행 2016년 2월 29일

지은이 키르스텐 세룹-빌펠트
옮긴이 문봉애
펴낸이 김승희
펴낸곳 도서출판 살림터

기획 정광일
편집 조현주
북디자인 꼬리별

인쇄·제본 (주)현문
종이 월드페이퍼(주)

주소 서울시 영등포구 양평로21가길 19 선유도 우림라이온스밸리 1차 B동 512호
전화 02-3141-6553
팩스 02-3141-6555
출판등록 2008년 3월 18일 제313-1990-12호
이메일 gwang80@hanmail.net
블로그 http://blog.naver.com/dkffk1020

Stolpersteine by Kirsten Serup-Bilfeldt
© 2003 Verlag Kiepenheuer & Witsch GmbH & Co. KG, Cologne/Germany
All rights reserved
Korean translation edition © 2016 Sallimter
Published by arrangement through Orange Agency, Seoul

ISBN 979-11-5930-008-0 03300

나치 시절, 쾰른 시민들의 운명은?

걸림돌

나치의 학살로 희생된 사람들을
잊지 않기 위하여…

키르스텐 세륨-빌펠트 지음
문봉애 옮김

살림터

1970년 12월 7일 폴란드 바르샤바의 유태인 위령탑 앞에서
무릎을 꿇고 사죄하는 빌리 브란트 독일 수상.

걸림돌, 디딤돌

안경환

서울대학교 법학전문대학원 명예교수, 제4대 국가인권위원회 위원장

세월 속에는 망각이 있다. 하늘을 찌를 것 같은 분노도 땅이 꺼질 것 같은 비탄도 세월 속에 용해되어 망각의 세계로 내려앉는다. 때로는 그 망각이 서러워 기록을 남기고 조형물을 만든다.

"용서는 하되 잊지는 말자!"

25년 전에 찾았던 예루살렘의 홀로코스트 역사박물관에 적혀 있던 준엄한 문구다.

"태양에 바래지면 역사가 되고 월광에 물들면 신화가 된다."

한 시대를 호령하던 소설가 이병주의 수사다. 역사는 기억과 기록을 두고 벌이는 후세인의 싸움이다. 승자의 행장行狀은 역사로 기록되나 패자의 비애와 한은 애틋한 신화와 전설로 명맥이 이어질 뿐이다. 역사의 승자는 가해자이기 십상이다. 피해자의 한을 위무하는 의식 없이 역사가 발전할 수 없다.

20세기 중반에 나치 독일이 저지른 잔혹 행위는 인류사에 유례없는 죄악이었다. 인류 문명의 선도자이자 고귀한 인간 정신의 보고임을 자

부하는 유럽에서 일어난 일이기에 더욱 충격이 컸다. 나치는 유태인, 집시, 동성애자, 장애인 등으로 인간을 구분 지어 열등의 낙인을 찍었다. 세상의 광음을 누릴 자격이 없는 열등 인간은 절멸시켜야 한다! 무려 600만 이상 유태인이 나치의 '최종 해결' 정책의 희생양이 되었다. 그들이 저지른 만행으로 인해 '인도에 반하는 범죄crime against humanity'라는 새로운 법원리가 탄생했다. 더욱 충격적인 사실은 당시 대다수 아리안 독일인들이 나치의 정책을 지지하거나 별반 저항 없이 수용했다는 것이다. 그보다 더욱 놀라운 일은 그렇게나 잔혹한 범죄를 저지른 나치 간부도 뿔 달린 괴수가 아니라 지극히 평범한 인간이었다는 사실이다. 한나 아렌트가 『예루살렘의 아이히만』에서 설파한 바 있는 '악의 평범성 banality of evil'이다. 스스로는 인식 못하는 악마가 우리 몸 안에 내재해 있다. 누구나 아이히만과 같은 인간 백정이 될 수 있는 것이다. 그러기에 이른바 난세에는 더욱 강한 양심적 이성의 긴장이 요구되는 법이다.

독일 정부는 역사의 과오를 통절하게 반성했다. 그리고 각종 참회의 공적 조치를 단행했다. 그 작업은 아직도 이어지고 있다. '인도에 반하는 범죄'에 시효가 없듯이 국가주의의 망상에 빠져 인류의 양심에 충격을 준 죄과는 지속적인 반성과 성찰을 통해 속죄해야 한다. 독일 정부는 국제정치의 기류와 국익의 계산에 따라 공적 입장을 표했을지 모른다. 보다 중요한 것은 시민이다. 이성이 깨어 있고 양심이 살아 있는 시민이 충만한 나라여야만 선진국으로 불릴 자격이 있다.

서럽게 죽은 사람은 망각되지 않을 권리가 있다. 살아남은 사람에게는 무고한 희생자를 기억할 책무가 있다. 라인 강변의 대성당 도시, 쾰른의 한 시민이 피 끓는 양심의 소리에 화답했다. 그리고 그 양심의 형상화에 나섰다. 무심코 스치는 행인의 발걸음을 잠시 묶어 인류 보편적 양심의 문을 두드리려는 인간애의 발로였다. 많은 시민이 앞다투어 화답했다. 다뉴브, 나브, 레겐, 세 강이 합류하는 중세도시 레겐스부르크의 한 이주 시민의 눈과 가슴에도 강한 울림이 전해왔다.

대한민국, 이 땅에 생경한 공권력이 청년의 창의와 국민의 일상을 옥죄던 시절, 한 영민한 여대생은 카프카를 탐독했다. 학교와 거리에 정의가 실종되고 양심이 침묵할 때 무력하고 선량한 인간이 구할 수 있는 것은 소외라는 도피처뿐이었다. 그녀가 지친 영혼의 망명지를 구해 독일행 비행기를 탈 즈음, 널리 존경받던 한 '선비 교수'는 이렇게 썼다.

"이 세상에서 가장 빛나는 것은 약자에게 보내는 연민의 눈물이다."

30년이 지났다. 그때 그 한국인 유학생은 이제 다섯 독일 시민의 어머니가 되었다. 그리고 아이들에게 인류 보편의 양심, 세상에서 가장 빛나는 연민의 미덕을 가르친다. 이 작은 책자는 역자가 고국의 깨어 있는 독자들에게 바치는 첫 선물이다. 그녀가 알려주는 독일 거리의 표석은 불행한 과거사의 화해를 가로막은 '걸림돌'이 아니라 미래 사회의 평화와 공존을 위한 '디딤돌'이 되어야 한다. 유태인과 독일의 문제만이 아니다. 우리와 일본 사이에 풀어야 할 문제이기도 하다.

2016년 1월

| 차례 |

추천하는 글 | 걸림돌, 디딤돌 • 안경환 5

여기서 퀼른은 1933년부터 1945년까지 살았다   11
엘케 하이덴라이히(Elke Heidenreich)의 기사

리젤(Liesel)과 우르젤(Ursel)-어린 소녀들의 우정   25
우르술라 블루멘펠트(Ursula Blumenfeld, 1931~?)

"히틀러의 사망: 평화와 빵!"   39
엥겔베르트 브링커(Engelbert Brinker, 1883~1944)

의무 수행을 통한 저항   53
랍비 이지도르 카로(Isidor Caro, 1876~1943) 박사

살인적인 배신   65
카를 프랑켄슈타인(Carl Frankenstein, 1891~1941)

"어디로 가세요, 아빠?"   81
니콜라우스 그로스(Nikolaus Groß, 1898~1945)

"퀼른에서는 항상 이방인⋯⋯"   99
알베르트 카우프만(Albert Kaufmann, 1901~1944)

"전쟁이 끝나면⋯⋯"   115
게르다 렌네베르크(Gerda Lenneberg, 1904~?) 처녀명 헤르츠(Herz)
롤프 에른스트 렌네베르크(Rolf Ernst Lenneberg, 1930~?)

"쐐기풀 제거하듯 제거해야……" 131
요제프 요한 뭄부어(Josef Johann Mumbour, 1888~1945)

"일하라, 영원히 살 것처럼. 기도하라, 오늘 죽게 될 것처럼." 149
베네딕트 슈미트만(Benedikt Schmittmann, 1872~1939) 교수

"배은망덕- 그러리라곤 생각조차 하지 않았네……" 165
막스 쇠넨베르크 박사(Dr. Max Schönenberg, 1885~1943)
에르나 쇠넨베르크(Erna Schönenberg, 1892~?) 처녀명 카우프만(Kaufmann)

유랑자의 재산 187
루이제 슈트라우스-에른스트 박사(DR. Louise Straus-Ernst, 1893~1944?)

집도 없고, 무덤도 없고 201
신티와 로마(Sinti und Roma)

주둥이, 가슴 그리고 반짝이는 돌들 215
예술가 군터 뎀니히(Gunter Demnig)
그리고 그의 특징들

기억해야 하는가? 잊으려고 하는가? 223
공식적 발언과 개인적 침묵 사이의 괴리에 대하여

옮긴이의 말 229
감사의 말 239

여기서
쾰른은
1933년부터
1945년까지
살았다

엘케 하이덴라이히(Elke Heidenreich)[1]

갑자기 발걸음이 주춤한다.

보도步道를 덮은 회색 포석鋪石의 정연한 질서가 갑자기 서너 개의 금 빛으로 반짝이는 또 다른 작은 포석들로 인해 흐트러지기 때문이다. 반 짝이는 그 황동 포석 앞에서는 잠깐이나마 걸음과 시선이 멈출 수밖에 없다.

번화한 에렌가Ehrenstraße 33번지 보도에서 반짝거리는 황동 판에는 이렇게 새겨져 있다.

"여기서 에른스트 뢰벤베르크Ernst Löwenberg, 요하네테 뢰벤베 르크Johannette Löwenberg, 베르타 홀츠크네히트Berta Holzknecht 거 주-1941년 로취Lodz로 강제 이주 이후 실종."

1. 1943년 2월 15일 태생. 작가, 문학비평가, 방송인, 저널리스트. 이 기사는 『쾰른-사진과 이야기(Köln-Bilder und Geschichte, Stefan Worrig과 Elke Heidenreich, KiWi-Köln, Köln 2001)』에서 채택되었다.

또한 그리 멀지 않은 곳에 똑같이 생긴 '걸림돌Stolperstein' 5개가 다시 우리의 걸음과 시선을 붙잡는다.

"마아스리히터가Maastrichter Straße 3번지: 빌헬름 칸Wilhelm Kahn, *1855년(출생 연도), 1941년 로취로 강제 이주; 루이스 레비Louis Levy, 1945년 다하우Dachau 포로수용소에서 사망; 안나 루이제 발린Anna Louise Ballin, 로취로 강제 이주, 1942년 사망; 볼프강 호르스트 칸닌카Wolfgang Horst Kanninka, *1926년생, 1942년 민스크Minsk로 강제 이주, 실종."

일단 한번 관심을 갖게 된 이후로 시선은 나도 모르게 쾰른의 보도 블록으로 향하게 되고 도심 곳곳에서 이 황동의 걸림돌들을 만나게 된다.

아헨가와 본가Aachener und Bonner Straße, 브뤼셀 광장Brüsseler Platz, 아이겔슈타인Eigelstein, 헨델가Händelstraße, 회니거 벡Höniger Weg, 카르트호이저발Karthäuserwall), 쿠르퓌르스텐가Kurfürstenstraße, 룩셈부르거가Luxemburgerstraße, 포스트가Poststraße, 에렌펠트 구역의 테베어가Thebäerstraße in Ehrenfeld, 작센링Sachsenring, 우비어링Ubierring, 심지어 카르디날가Cardinalstraße 9번지에는 한꺼번에 24개, 하인스베르크가Heinsbergstraße 22번지에는 17개, 모차르트가Mozartstraße 54번지에는 14개의 걸림돌이 견고히 박혀 있다.

군터 뎀니히Gunter Demnig가 1997년부터 이 프로젝트를 시작한 이후로 모두 합하여 1,300여 개의 걸림돌이 쾰른의 230여 장소에서 빛나고 있다.

가로세로 10센티미터 크기의 황동으로 만들어진 이 정사각형의 걸림돌은 한 인간의 삶을 간략히 서술하고 있다. 그 서술이 지극히 간략함에도 불구하고 거기에 이름 새겨진 사람이 강제 이주되고, 고문당하고, 살해되었음을 알아채는 데는 그리 오랜 시간이 걸리지 않는다.

혹시 그 돌에 이름 새겨진 사람들의 이웃 중 몇 명은 아직 살아 있을 수도 있다. 그 이웃 중 일부는 겁에 질려 커튼 뒤에 숨어서 조심스럽게 그날의 강제 이주를 훔쳐보았을 것이고, 또 누군가는 열린 창턱에 쿠션을 받치고 겁 없이 이른 아침 그 광기의 현장을 지켜보았을 것이다. 그럼에도 불구하고 후일에 그날의 비극을 증언하려는 자는 아무도 없었다.

오랜 기간 쾰른의 시장이었고, 후일 독일의 수상을 지낸 콘라드 아데나우어Konrad Adenauer는 이런 말을 했다.

"1933년까지 쾰른 시만큼 나치즘에 대해 공공연하게 저항한 그 어떤 도시도 없었으며, 1933년 이후로도 쾰른 시만큼 정신적으로 저항한 그 어떤 도시도 존재하지 않았다."

그의 발언 이후 나치즘에 대한 쾰른 시의 저항은 전설이 되었다. 그러나 이것은 엄청난 착각이다. 쾰른 시에서 '인생 최고의 환영 갈채'를 받았노라고 언젠가 히틀러는 스스로 고백했었다. 실제로도 1941년에서 1945년 사이에 강제 이주되어 살해된 11,000여 명 중 '용감하게 저항'하는 쾰른 시민의 도움으로 살아남은 사람은 겨우 50여 명에 불과했다. 11,000명 중 겨우 50명이었다.

'유태인 문제 최종 해결'[2] 정책이 1941년부터 용의주도하게 진행되면서 쾰른의 시민이었던 유태인 11,000여 명은 도이츠-메세Deuz-Messe 역에서 포로수용소로 강제 이주되었다. 1,500여 명의 신티와 로마Sinti und Roma[3]도 마찬가지로 그 역에서 죽음의 장소로 보내졌다. '6시, 메세 쾰른-도이츠 출발'이라고 쓰인 포고문은 쾰른의 유태 시민들에게는 사형을 선고하는 판결문이나 다름없었다. 그날 그들은 2,000년 동안 유태인의 삶이 살아 숨쉬던 이 도시를, 쾰른의 대성당을, 그리고 라인 강을 마지막으로 보았다.

1941년 10월과 11월은 로취Lodz로, 11월과 12월은 리가Riga, 코브노Kowno, 민스크Minsk로, 1942년 5월부터 9월까지는 민스크와 루블린Lublin으로, 1942년 여름부터 전쟁이 끝나는 1945년까지는 곧장 아우슈비츠Auschwitz로 강제 이주가 진행되었다.

비록 프링스Frings 추기경[4]이 유태인 박해에 대한 반대 의사를 분명히 밝히긴 했지만 강제 이주가 진행되는 동안 교회의 종탑은 침묵했고, 교회는 보호의 손길을 내밀지 않았으며, 로마 교황청 역시 어떤 구체적인 언급도 하지 않았다.

신교 학자 요헨 클렙퍼Jochen Klepper[5]는 유태인 아내와 동반 자살하기 직전에 이러한 상황에 대해 통탄하면서 그의 일기장에 이렇게 남겨놓았다.

---

2. 1942년 1월 20일 베를린-반제 회합에서 나치 정권의 지도자들이 독일과 독일이 점령한 유럽 지역에 사는 유태인들을 계획적으로 대량 학살하기로 결정하는 데 사용한 은어. 그로써 1941년 7월부터(10월부터 조직적인 강제 이주 시작) 1945년 5월 8일까지 용의주도하게 유태인 대량 학살이 자행되었다.
3. 소위 '집시'.
4. 1887년~1978년, 1942년~1969년 쾰른의 대주교.
5. 1903년~1942년, 신학자, 저널리스트, 작가.

"교회는 하나님을 두려워하는 게 아니라 국가를 두려워한다."

독일에서는 희생된 유태인들에 대한 적절한 추모 방식안을 둘러싸고 수십 년간 논란이 계속되고 있다. 베를린 경고비[6]의 설계를 둘러싼 끊임없는 논란 때문에 시민들의 신경은 날카롭게 곤두서 있다.

문득 이런 생각이 든다.

"역사적 사건을 망각하지 않기 위해서 우리에게 항상 웅장한 구조물이 필요할까?"

그런데 여기 쾰른에는 한 백 번쯤 왕래하다가 갑자기 한 번쯤 보도 블록을 내려다보고는 문득문득 읽게 되는 황동의 포석들이 깔려 있다.

거기에는 다음과 같은 문구도 있다.

"여기서 볼프강 호르스트 칸닌카Wofgang Horst Kanninka 거주,
*1926년생, 1942년 민스크로 강제 이주."

그는 불과 16세였다.

그의 파괴된 삶을 기억해내는 일은 희미한 작업에 불과할 것이다. 하지만 한때 그가 살았던 집 앞 땅바닥에 박힌 이 걸림돌은 평화롭게 살던 순진한 미소년을 집 밖으로 내동댕이친 그날의 비극에 대해서만큼

6. 나치 정권 당시 유럽에서 살해당한 유태인들을 추모하고, 후세에게 경고하기 위해 세워진 이 경고비는 베를린 중심 브란덴부르크 문 옆에 피터 아이젠만의 설계로 2005년 5월 10일 비로소 제막되었다. 한국어로는 '유태인 대학살 추모비'라고 번역된 것으로 역자는 알고 있지만 '베를린 경고비'라고 직역했다. 왜냐하면 '경고비'는 아마도 주로 2차 대전 후 독일 특유의 기념 방식으로 희생자들을 추모하면서 동시에 후세대에게 강력히 경고하는 데 역점을 두고 있기 때문이다. 나치 정권 시절에 세워진 다수의 포로수용소에 지금 경고비들이 세워져 있으며, 독일 외의 다른 국가의 경고비로는 핵폭탄으로 완전히 파괴된 일본의 히로시마에 있는 그 뼈대가 손실되지 않았던 상공회의소 건물을 꼽을 수 있다.

은 요지부동하게 증언하고 있다.

기억과 경고, 그리고 경외를 위해 이토록 현명하면서도 동시에 감동적인 추모 방식보다 더 이상적인 방식을 난 결코 생각할 수 없다.

그래서 나는 그 걸림돌에 대해 알아보기 시작했다. 누가 이 돌들을 깔았는지, 누가 이 추모 방식을 고안해냈는지, 도대체 누구에게 고마워해야 할지를 알기 위해서 말이다.

마침내 나는 리하르트-바그너Richard-Wagner가에 사는 예술가 군터 뎀니히의 집에 당도했다.

그는 나치 희생자들의 집 앞에 이 돌들을 깔기 위해 쾰른 시와 끈질긴 실랑이를 벌여야 했다고 고백했다. 황동 판을 손수 제작하고, 직접 깔아 넣고, 기부자가 없는 경우에는 스스로 그 비용을 부담한다. 돌 하나의 제작에 드는 비용은 75유로이다.[7] 쾰른 시는 단 한 푼의 재정적 지원도 하지 않았으며, 공식적으로는 '기증품 수납'[8]이란 조건으로 이 계획을 허가했을 뿐이었다.

이 추모 사업의 대상은 유태인으로 한정되어 있지 않다. 나치의 테러로 인한 모든 희생자들, 즉 동성애자, 신티Sinti, 끌려가 살해당한 정치범, 여호와의 증인 신도[9], 안락사 희생자들[10] 역시 추모의 대상이다.

"사실 쾰른 시에는 대략 천오백 개의 걸림돌이 깔려야 합니다."

---

7. 2015년 현재 125유로.
8. 예술가 군터 뎀니히가 쾰른 시에 작품 '걸림돌'을 기증한다는 명분으로 허가를 했으므로 쾰른 시는 재정적 지원에 대한 책임에서 벗어날 수 있었다.
9. 오른팔을 치켜드는 히틀러 경례와 참전 거부, 나치의 모임이나 행사 불참 등으로 나치 정권의 미움을 사, 당시 25,000~30,000명의 신도 중 약 11,300명이 포로수용소로 끌려갔고, 그중 살해당한 숫자는 아직 정확히 밝혀지지 않았다.
10. 나치 정권 당시 살해당한 정신·신체장애자, 정신병자의 수는 200,000명에 달한다.

뎀니히는 박력 있는 눈빛으로 단호하게 덧붙였다.

"워낙은 유럽의 전역에서 사라진 사람들이 살았던 집 앞에 모두 합쳐 600만 개의 걸림돌이 깔려야 합니다."

추모를 위한 기념물은 보통 그 규모나 성격상 주로 도심 밖이거나, 넓은 장소, 정부청사 주변, 또는 공동묘지 등에 세워져 있다. 이에 반해 걸림돌들은 도심의 일상 속에 자리 잡고 있다.

잠시 짬을 내 그 돌 앞에 서서 허리를 굽혀 거기 새겨진 이름들을 읽노라면, 십중팔구 궁금증을 품은 누군가가 다가와서는 질문하고, 놀라워하고, 의견을 나누게 된다. 나는 심지어 "그래, 그래, 유태인들. 오늘날 모든 유태인들이 죄가 없었다는 듯이 대소동을 피우고 난리지"라고 말하는 노인을 만난 적도 있다. 이러한 생각의 싹은 여전히 독일의 곳곳에서 자라고 있다.

많은 사람들은 1933년까지는 이웃끼리 서로 잘 지내다가 우연히 가구들이 창밖으로 내던져지고, 그저 어쩌다 보니 사람들을 화물칸에 처넣었다는 식의 이야기 정도로 대충 얼버무리려 한다. 걸림돌 앞에 서 있노라면 지금 우리 곁에서 여전히 자라는 그러한 반성하지 않는 태도에 대해 다시 한 번 경각하게 된다.

나는 마리엔부르크Marienburg[11]에 살고 있다.

예전 유태인 소유였던 저택들은 이미 다른 주인을 찾았고, 그 으리으리한 저택들이 줄지어 있는 마리엔부르크에서는 거의 걸림돌을 찾아볼

11. 쾰른 시의 한 구역.

19

수 없다.

"마리엔부르크의 주민들은 여전히 자기와는 상관없는 일이라고
생각하지요."

뎀니히는 말한다.
왜 그런지는 알 만하다.

"한번은 어떤 남자가 찾아와서는 제발 자기 집 앞에 그 돌을 깔
지 말아달라고 간청하기도 했죠."

자기 집 맞은편이 극우파들이 모이는 장소인데, 집 앞에 걸림돌이 깔
리게 되면 그들이 자기 집 창문을 모두 때려 부숴버릴 것이라는 것이
그 이유였다.
　우리에게 과거 청산이란 이처럼 요원하다.
　사실 온전한 의미에서의 과거 '청산'이란 불가능한 것인지도 모른다.
그럼에도 불구하고 우리는 역사를 기억하고, 과거의 과오를 시인하여야
하며, 현재는 앞에서 언급한 바로 그 극우파들의 회합이 더 이상 이루
어지지 않도록 할 수 있는 모든 노력을 기울여야 한다. 상황이 이러한
데도 불구하고 걸림돌 계획 허가 당시 시의회에 이 계획을 반대하는 한
사람이 있었다고 한다. 그는 극우 보수주의자였다. 그런 자가 시의원으
로 뽑힐 수 있었다는 사실, 그것이 지금 독일의 현실이다.
　쾰른 시에서 가장 도발적인 걸림돌은 시의 얼굴이나 다름없는 구舊
시청 건물 바로 앞 보도에서 빛나고 있다. 신랑 신부는 행복에 겨워하

면서도 그 돌을 건너갈 때는 약간이나마 선대의 죄를 의식할 수밖에 없을 것이다.[12]

뎀니히는 그 황동 판에 나치스 친위대SS 총책임자 힘믈러Himmler가 1942년 12월 16일에 신티와 로마를 모조리 아우슈비츠로 강제 이주하라고 내린 명령 구절을 단 한 글자도 빠뜨리지 않고 그대로 새겨놓았다.

신티와 로마들이 강제 이주되던 당시 그들이 도이츠 역까지 걸어가야만 했던, 시내 전체를 관통하는 12킬로미터의 먼 길을 보여주기 위해 몇 해 전 뎀니히는 우선 그 길을 상징적으로 하얀 선으로 그은 후에 그 사실을 새긴 황동 판을 23곳의 보도에 깔아놓았다.

그는 이처럼 흔적을 새긴다.

핵무장을 둘러싸고 논쟁이 격렬했던 시기[13]에는 부퍼탈Wuppertal 시를 중심으로 해서 40킬로미터 둘레의 원을 백묵으로 그렸다. 그 백묵선은 만약 핵폭탄이 터지게 되면 즉시 파괴될 구역을 알아볼 수 있게 하기 위함이었다.

"미래를 설계하기 위해서 과거를 기억하는 일은 불가피하다"라고 이탈리아 조각가 아르날도 포모도로Arnaldo Pomodoro[14]는 말했다.

아르날도 포모도로의 인상 깊은 조각 작품들도 황동으로 제작되었다는 사실은 과거를 기억하고자 하는 두 예술가의 공감대를 느끼게 한다. 뎀니히는 미래를 믿는다. 그러기 위해서 그는 과거를 잊지 않는다.

모든 진정한 예술이 그렇듯 그의 예술 역시 정치적이다.

기지가 가득한 그의 '어깨 토닥이는 기계' 역시 그중의 하나다. 1마르

12. 독일에서는 법적 혼인식이 시청에서 행해진다.
13. 1983년.
14. 1926년 6월 23일생. 이탈리아의 조각가로 1954년 이후로 밀라노에서 주로 황동으로 작업 중.

크DM를 그 기계에 집어넣으면 한 손이 부지런히 어깨를 토닥거리는데, 그러면서 동시에 "잘했어, 앞으로도 계속 그렇게 해!"라는 문구가 나타난다. 그 기계는 스스로 어깨를 토닥거리는, 즉 자화자찬하는 쾰른 시민을 풍자한다. 쾰른 사람들은 스스로를 좋아하고, 스스로를 순수하다고 믿는다. 나는 진심으로 그러길 바란다. 그러나 쾰른 시민이 제3제국 시대 때 용감히 저항했다는 등의 허황된 전설을 이제는 버려야 할 때가 되었음을 잊어서는 안 된다. 쾰른에서도 다른 독일 지역에서처럼 그저 몇 안 되는 극소수 시민의 용기가 존재했을 뿐이다. 그 정도로는 스스로 어깨를 토닥일 만한 이유가 되지 못한다.

하지만 번화하고, 활기찬 도시의 곳곳을 돌아다니면서 가끔씩은 걸림돌에 걸려 넘어져야 할 필요는 있다.

브뤼셀가Brüssel Straße 4번지, 헤르츠Herz, 존Sonn, 아들러Adler 이 세 가족들에게는 살아남을 기회가 없었다. 건너편 5번지 집 창문가에서는 친절한 이웃이 지켜보고 있었다. 헤르츠, 존, 아들러 가족들은 아마도 뎀니히가 걸림돌을 새겨놓지 않았더라면 잊혀졌을 것이다. 수많은 사람들이 잊혀졌다. 수많은 이름들을 우리는 더 이상 알지 못한다. 그저 그 잊혀진 이름들의 총합이 대략 600만이라는 추상적인 숫자만 알고 있을 뿐이다.

눈을 감고 상상해본다.

미래의 우주비행사들이 파란 지구를 내려다볼 때 가는 선의 만리장성뿐만 아니라, 독일이란 이름의 작은 나라에서 햇빛에 반사되어 반짝이는 무수한 별들을 보게 될 것이라고. 별 하나하나에는 살해된 영혼이 반짝인다.

그 무수한 영혼의 별무리 중 어느 하나도 빠지지 않고 우리들 기억의 우주 속에서 금빛으로 반짝일 것이다.

로베르트–호이저가(Robert-Heuser-Straße) 3번지 앞 걸림돌

리젤Lisel과 우르젤Ursel: 어린 소녀들의 우정

우르술라 블루멘펠트(Ursula Blumenfeld, 1931~?)

「오라비와 누이」.

그림 형제의 이 동화에 두 소녀는 홀딱 반했다.

그래서 유치원 보모는 그 두 소녀에게 그 동화를 몇 번이고 거듭해서 읽어주어야만 했다.

리젤과 우르젤은 나쁜 계모에 의해 버림받은 두 남매의 이야기를 연기했다.

리젤은 계모에 의해 노루로 변해버린 '오라비' 역을, 우르젤은 왕자의 눈에 띄어 왕비가 되는 '누이' 역을 맡았다. 두 소녀는 하루도 빠짐없이 그 역할극을 연기하며 놀았다.

리젤이 당시를 회상할 때면, 자신의 아이를 보기 위해 밤마다 성으로 찾아오는 왕비의 슬픈 탄식이 떠오른다.

　"내 아가 무얼 하니? 내 노루 무얼 하니? 이제 내가 한 번 더 왔
　는데, 더 이상은⋯⋯."

옛 동화의 문구는 시간이 지나서야 리젤 베른스에게 아주 특별한 의미를 지니게 되었다.

쾰른의 토박이 소녀이자 처녀명 파알Fahl인 리젤 베른스는 1930년 브링스베델Vringsveedel에서 출생했고, 성聖 세베린Sankt Severin 교회에서 라인 강물로 세례를 받았다.

그녀가 출생한 직후에 가족은 쾰른-바이엔탈Köln-Bayenthal로 이사했다.

그녀 아버지의 직업은 오늘날에는 더 이상 존재하지 않는 '얼음 장수'였다.

아직 전기냉장고가 등장하기 전, 단지 '얼음냉장고'가 있던 그 시절에는 식량을 며칠간 차게 보관하기 위해서는 얼음냉장고 위에 얼음 덩어리를 얹어놓아야 했다. 그녀의 아버지는 마차 위에 커다란 얼음 덩어리들을 싣고 쾰른의 이곳저곳으로 배달하러 다녔다. 쾰른 시를 온통 이리저리 다닌 덕에 리젤의 아버지는 적지 않은 고객들과 웬만큼 친분 관계를 유지하게 되었다.

때때로 그는 저녁 식사 시간에 그날 다녀왔던 으리으리한 저택에 사는 사람들에 대해 이야기하곤 했다. 그 이야기를 들을 때면 리젤의 눈은 동그래졌고, 귀는 한층 쫑긋해졌다.

특히 쾰른-마리엔부르크 구역 로베르트-호이저가 3번지의 아름다운 저택에 대한 이야기를 들을 때에는 가슴이 두근거릴 정도였다. 왜냐하면 그곳에 자신과 비슷한 또래의 우르젤이라는 소녀가 살고 있다는 사실을 아버지가 귀띔해주었기 때문이다.

그리고 얼마 지나지 않아(아마도 1934년에서 1935년 사이) 리젤 파알과 우르젤 블루멘펠트는 쉴러가Schillerstraße에 있는 이름가르디슐리

쾰른-바이엔탈, 쉴러가에 있는 성(聖) 십자가 수녀회가 운영했던 가톨릭 유치원.

Irmgardislyzeums 김나지움 건물 일부를 빌려 성聖 십자가 수녀회에서 운영했던 가톨릭 유치원에서 서로 사귈 기회를 갖게 되었다.

둘 중 누가 먼저 그 유치원에 다니기 시작했는지, 또 누가 먼저 수줍은 미소를 보냈는지는 리젤의 기억이 확실하지 않다. 하지만 두 소녀 모두 첫눈에 서로에게 호감을 갖게 되었다는 사실만은 확실히 기억하고 있다.

그러다가 둘이 아주 가까운 사이가 된 것은 유치원의 아침 식사 시간에 매일 각자의 아침 식사용 빵을 서로 바꾸어 먹으면서였다.

리젤은 홀쭉한, 아니 아주 깡마른 아이였다.

작은 생쥐의 마른 가슴팍에 약간이라도 살을 붙이기 위해서 리젤의 엄마는 버터 바른 빵 위에다 잘게 간 소시지를 손가락 굵기만큼이나 두껍게 발라주거나, 때때로 빵 사이에 꽤나 두툼한 살코기 소시지를 끼워 넣기도 했다. 그런데 그녀는 엄마의 이 같은 특별한 정성이 들어간, 말라깽이를 살찌울 음식에는 전혀 관심이 없었고, 오직 우르젤 블루멘펠트의 도시락에만 눈독을 들였다. 그도 그럴 것이 우르젤의 도시락에는 거의 매번 너무나도 달콤해 보이는 초콜릿이 덮여 있는 가늘고 기다란 버터 빵이 들어 있었기 때문이었다. 밤색의 달콤한 초콜릿으로 덮인 이 버터 빵은 리젤에게는 떨쳐버릴 수 없는 유혹이었다.

반대로 우르젤은 그녀 나름대로 리젤의 살코기 소시지나 잘게 간 소시지가 듬뿍 발린 간식에만 지독한 허기를 느꼈다. 두 소녀 모두에게는 평소 집에서는 맛본 적이 없는 간식이기 때문이었으리라.

어느 순간부터 서로의 간식을 바꾸어 먹는 것이 두 소녀에게는 아침의 중요한 일과가 되었다.

유치원에 등원하자마자 두 말괄량이는 가죽으로 만든 작은 유치원 가방을 열어 흥정을 시작하고, 냄새를 맡고, 깨물어 맛을 보고 나서는 결국 바꾸어 먹는다.

아침 식사를 위한 이 일련의 진지한 예식이 지나고 잘게 간 소시지와 초콜릿으로 범벅이 되어버린 손을 씻고 나면, 이제 또 다른 물물교환이 시작된다. 오묘하게 엉켜 있는 장미 덩굴, 형형색색의 하트와 별들, 부리로 편지를 물고 있는 비둘기가 그려진 반짝이는 그림들은 곧 그 주인이 바뀐다.

그러고 난 후 다른 유치원생들이 수건돌리기 놀이, 잡기 놀이, 또는 공놀이에 빠져 있는 동안 리젤과 우르젤은 유치원의 한쪽 구석으로 빠져서 「오라비와 누이」의 장면들을 연기한다.

그러면 어느 순간 항상 피할 수 없는 구절에 이르게 된다.

"내 아가 무얼 하니? 내 노루 무얼 하니? 이제 내가 한 번 더 왔는데, 더 이상은……."

이 꼬마 소녀들은 더 이상 뗄 수 없는 사이가 되었다.

유치원에서 찍은 단체사진에는 검은 단발머리에 들창코인 우르젤과 머리통 반쯤은 더 큰 금발의 말라깽이 리젤이 나란히 붙어 서 있다.

마치 쌍둥이인 양 두 소녀 모두 하얀 칼라가 달린 스코틀랜드식式의 체크무늬 원피스를 입고, 서로의 손을 꼭 잡고는 수줍은 미소를 짓고 있다.

때때로 우르젤의 집에 놀러 가기라도 할 때면 리젤은 매번 그녀의 동네에서부터 마리엔부르크에 있는 그 저택까지 종종걸음으로 걸어갔다. 그 집의 가정부가 대문을 열어줄 때까지 리젤은 콩콩 뛰는 가슴으로 환상의 세계가 열리기를 기다리곤 했었다. 그 대문을 들어서는 순간부터 리젤은 쾰른의 한가운데서 낯설고 모험 가득한 이국적인 세계로 발을 들여놓는 것 같은 흥분을 느끼곤 했다.

우르술라 블루멘펠트와 리젤 파알이 쾰른-바이엔탈의 유치원에서 찍은 사진의 한가운데 서 있다. 환한 색의 칼라가 달린 동일한 원피스를 입고 있어 알아볼 수 있다.

"먼 파라다이스로의 짧은 여행이었어요."

그녀는 꿈꾸듯 회상한다.

마리엔부르크 동네에 있는 로베르트-호이저가 3번지의 블루멘펠트 씨 집은 여러 층으로 이루어진 커다란 이중 저택이었다.

건축가 요제프 브란트Joseph Brandt가 1909년에서 1910년 사이에 후기 유겐트양식[15]으로 설계한 이 건물은 여러 칸으로 나누어진 높은 창문과 덧문, 무도회실, 커다란 식당과 거기에 연결된 온실이 있었고, 현관 바로 옆에는 어두운 색깔의 나무로 만든 책꽂이가 천장까지 닿아 있는 서재가 있었다. 계단을 따라 반들반들하게 닦인 난간은 소녀들에겐 아주 훌륭한 미끄럼틀이었다. 건물 밖으로 나가 보면 커다란 정원에는 모래 구덩이와 그네가 언제든지 그녀들을 기다리고 있었다. 게다가 작은 두 소녀 뒤를 계단 위아래로 졸졸 쫓아다니면서 짖어대곤 했던 앙증맞은 폭스테리어Foxterrier는 또 얼마나 귀여웠던지.

"이제는 많은 기억들이 희미해지긴 했지만 우르젤의 방만은 아주 또렷하게 기억하고 있지요. 하얀 가구들은 매끄럽게 옻칠이 되어 있었고, 밝은 빛이 너무 눈부시지 않게 알록달록한 꽃무늬의 커튼으로 꾸며진 크고 환한 방이었어요."

함께 놀 친구들이 더 필요하면(우르젤은 무남독녀였다) 길을 건너기만 하면 됐다. 맞은편 커다랗고 빨간 벽돌집에는 11명의 자녀를 둔 랍비

15. Jugendstil: 19세기 말에서 20세기 초에 걸쳐 독일에서 일어난 예술 양식으로 궁선을 특징으로 하여 공예, 건축 따위에 행해졌음.

가족이 살고 있었기 때문이었다.

소녀들의 눈앞에 풍성한 식탁이 차려졌던 8월 우르젤의 생일과 가끔씩 우르젤의 엄마가 두 소녀의 손을 꼭 쥐고 헨네셴Hänneschen[16] 인형극장을 찾곤 했던 날들은 리젤에게는 최고의 순간이었고, 그 저택에서 보냈던 날들은 유년 시절 중에서 가장 아름다운 시간들이었다.

그렇기 때문에 그녀의 가슴속 깊은 곳에 여전히 견고하고 사랑스럽게 자리 잡고 있는 존재는 당연히 친구 우르젤이다.

우르젤의 가족에 대해 알려진 바가 그다지 많지 않다.

변호사였던 아버지 파울 블루멘펠트Paul Blumenfeld는 1892년 에센Essen에서 유태인 집안의 아들로 태어났다. 1931년 8월 12일 우르술라 블루멘펠트도 그곳 에센에서 태어났다. 아버지는 딸이 네 살 되던 1935년에 쾰른으로 이주해서 라이헨스페르거Reichensperger 광장 근처에 있는 뵈르트가Wörthstraße에 변호사 사무실을 열었다. 그는 쾰른 출신의 부유한 유태인 집안의 딸 안나 요한나 발라하Anna Johanna Wallach와 결혼했다. 장인 알베르트 발라하Albert Wallach는 사업가였고, 로베르트-호이저가 저택도 장인이 물려준 것이었다.

우르젤은 그 부부의 외동딸이었다. 외동딸을 집에서 가까운 가톨릭 유치원에 보내는 데 별다른 구애를 받지 않았던 것을 감안하면 아마도 블루멘펠트 부부는 이미 독일 사회에 동화된 유태인이었던 것으로 추측된다.

그 때문인지는 몰라도 리젤 파알에게는 유년 시절의 절친한 벗이 유태인인지 아닌지 알 만한 계기가 없었다.

---

16. 1802년부터 존재하는 유명한 인형극장.

1937년 함께 나누며 행복했던 두 소녀의 유치원 시절이 끝났다.

리젤은 타치투스가Tacitusstraße에 있는 초등학교에 입학했으나 우르젤이 어느 학교에 입학했는지 더 이상 기억하지 못한다.

두 소녀는 서서히 서로의 시야에서 멀어져갔다.

그러던 중 기억에 또렷이 남아 있는 한 사건이 있었다.

리젤은 골트슈타인가Goltsteinstraße에 있는 빵집에서 나오는 블루멘펠트 부인을 먼발치에서 알아보고 기쁨에 넘쳐 그녀에게 달려가, 무릎을 굽히며 반갑게 손을 맞잡고 인사를 했다. 그러고는 집에 돌아오자마자 흥분을 감추지 못하고 이날의 만남에 대해 어른들에게 환호하듯 보고했다. 하지만 예상과는 달리 어른들의 반응은 차갑고 심각했다.

아버지는 리젤에게 블루멘펠트 부인을 더 이상 아는 체해서는 안 되며, 그렇지 않으면 리젤도 그녀와 함께 끌려가게 될 것이라고 주의를 주었다.

"도대체 어디로 끌려간다는 거예요?"

어리둥절해하는 어린 딸의 질문에 아버지는 대답하지 않았다.

전쟁이 끝나고 수년 후 극장 뉴스 등을 통해 나치 정권 시절에 어떤 일들이 벌어졌는지를 알게 된 리젤이 아버지에게 이 사실을 알고 있었느냐고 물어본 적이 있었다. 아버지는 그 사실을 몰랐다고 했지만, 그녀는 나치 정권하의 군인이었던 아버지의 말을 믿을 수 없었다.

당시 아버지의 그러한 태도에 대해 리젤은 몹시 격분했고, 오랫동안 아버지와 벌였던 그 언쟁을 잊을 수 없었다. 어른이 된 지금 리젤은 아마도 아버지가 그녀를 걱정해서 그렇게 거짓말을 했을 것이라고 당시 아버지의 태도를 다른 시각에서 바라본다.

1938년 11월 9일에서 10일로 넘어가는 밤사이 쾰른에서는 유태교회당이 불에 타고, 수많은 유태인들의 집과 상점이 약탈당했다.

도시 전체에 깔린 유리 파편들을 보고 어린 소녀가 느꼈던 그 아득한 공포.

두려움에 쫓겨 들어선 집 안에는 어둡고 슬픈 표정의 할머니가 넋을 놓고 앉아 있었다.

"할머니, 이게 다 무슨 일이에요?"

할머니는 아무 말도 없이 어린 손녀의 손을 잡고는 오래된 장식용 찬장으로 가서 아주 특별한 일이 있을 때만 꺼내놓았던 케벨레어Kevelaer[17]의 마리아 상像 양초에 불을 밝혔다.

"기도하자꾸나, 얘야."

"그러고는 할머니와 나는 유태인들을 위해 기도했죠. 물론 우르젤을 위해서도요."

1940년 말 전쟁은 더 급박해지고 있었고, 쾰른에도 공습을 알리는 사이렌 소리가 더 잦아졌다. 리젤의 가족은 쾰른을 떠나 아이펠Eifel에 사는 친척 집으로 거처를 옮길 수밖에 없었다.

17. 노르트라인-베스트팔렌(Nordrhein-Westfalen) 주의 도시로 종교적 예식에 쓰이는 양초를 생산했다.

"정확히 언제 우르젤을 마지막으로 만났는지 더 이상 기억할 수 없네요."

그리움과 안타까움으로 리젤 베른스는 기억을 더듬는다.

우르젤이 그녀에게 남아 있던 그 짧은 기간을 어떻게 지냈는지를 알려줄 이가 아무도 살아남지 않았기 때문에 우리는 단지 추정할 수밖에 없다. 그 시절 유태인 아이들이 겪어야 했을 운명에서 우르젤도 벗어나지 못했으리라.

그녀의 아버지는 변호사 직을 박탈당했을 것이고, 마리엔부르크의 아름다운 저택도 주인이 바뀌었을 것이다. 1938년 11월 15일 이후 우르젤은 다니던 초등학교에서 퇴교당했을 것이고, 1941년 9월 1일부터는 옷에 노란 별[18]까지 달아야 했으리라. 유태인이 아닌 친구들은 점차 왕래를 끊었으리라.

"따돌림당해서 너무나 마음이 아팠다"라고 한 아이가 일기장에 적어놓았듯, 우르젤 블루멘펠트도 비슷한 아픔을 느꼈을 것이다.

부모가 그녀를 한동안 유태인 학교에 보냈을 수도 있었겠지만, 그러한 사실을 확인할 수는 없다.

대신 우리가 알고 있는 사실은 이것이다.

유태인 배척과 권리 박탈에 관한 모든 법률은 성인뿐만 아니라 아동들에게도 똑같이 적용되었다는 것. 이 어른들과 '똑같이'라는 기준은 당연하게도 가장 여리고 다치기 쉬운 존재인 아이들에게는 더욱 가혹한 것이었다. 그것은 마치 작은 웅덩이를 벗어나지 못하며 버둥거리는 어린 개미의 등 위에다 돋보기를 대고 태양 빛을 한 점으로 모아 조준

---

18. 나치 정부는 유태인들에게 가슴에 노란 별(다비드 별)을 달도록 명령했다.

하는 것과 같은 잔인함의 극치였다.

블루멘펠트 가족은 1942년 테레지엔슈타트Theresienstadt[19]로 강제 이주되었고, 거기서 다시 아우슈비츠로 옮겨졌을 것으로 추정된다. 강제 이주 당시 우르술라 블루멘펠트의 나이는 열한 살이었으며, 자세한 사망 일자도 알려진 바 없고, 묘지도 존재하지 않는다. 그녀의 가족들은 모두 실종 후 사망한 것으로 간주되었다.

리젤은 평생 가슴속에 품었던 질문들에 대해 이제는 영원히 그 대답을 들을 수 없게 되었다.

어린 소녀 우르젤에게 정확히 어떤 일이 벌어졌는가?

강제 이주부터 살해당할 때까지 그녀는 어떤 공포를 겪어내야 했는가?

어떤 시선으로 그 끔찍한 상황을 지켜보았으며, 어떤 두려움으로 떨어야 했으며, 어떤 악몽에 시달리며 생존해야 했는가?

자상한 부모로부터 보호받고 자란 그녀가 그 끔찍한 하루하루를 어떻게 살아내야만 했는가?

두려움으로 가득 찬 마지막 길을 걸어갈 때 소녀의 작은 손을 잡고 위로의 말 한마디라도 건네주었을 사람이 단 한 명이라도 있었을까?

우르젤 블루멘펠트는 우리가 그저 그 운명을 추측하기만 할 수 있을 뿐, 진실은 알 수 없는 희생된 모든 유태인 아이들을 대표하고 있다.[20]

전쟁이 끝난 후 리젤 베른스는 여기저기 옛 친구의 흔적을 찾아다녔지만 몇몇 기록 외에는 아무것도 발견하지 못했다.

---

19. 18세기 말 황제 요셉 2세 집권 당시에 건립된 체코슬로바키아의 위수지였다가 나치 정권에 의해 유태인 게토와 포로수용소로 사용되었다.
20. 살해된 600만의 유태인 중 아동은 150만 명으로 추정된다.
21. 예루살렘(Jerusalem)에 세워진 홀로코스트(Holocaust)의 희생자 추모관.

여러 차례 야트 바셈Yad Vashem[21]을 찾아갔지만 실종자의 친척이 아니라는 이유로 어떠한 정보도 제공받을 수 없었다.

지금은 호텔이 되어버린 로베르트-호이저가 3번지 저택도 가끔씩 찾아가 그 앞에 서서 우르젤의 방이었던 창문을 물끄러미 바라보기만 한 적도 있었다. 한번은 용기를 내어 호텔 초인종을 누르고 지배인에게 찾아온 이유를 설명했더니 그는 들어와서 봐도 좋다고 허락해주었다.

그 안의 몇몇 물건과 문양들은 많은 세월이 흘렀음에도 불구하고 잃어버린 벗을 곧바로 떠올릴 수 있을 만큼 낯익은 것들도 있었지만 대부분의 것들은 낯설었다.

그녀의 어린 시절의 파라다이스는 여전히 그 자리에 있었지만 동시에 사라져버렸다.

다우(Dau) 4번지 앞 걸림돌

"히틀러의
사망:
평화와 빵!"

엥겔베르트 브링커(Engelbert Brinker, 1883~1944)

조직이 발각되고 파국에 이르게 된 것은 크리스마스 과자 때문이었다.

조직원들은 1944년 당시 매우 희귀했던 아헨 프린텐Aachen Printen이라는 과자[22]가 가득 들어 있는 봉지를 운 좋게 얻게 되었다.

조직원 중 한 여성인 레니 베르너Leni Werner는 고테스벡Gottesweg에서 자그마한 식료품점을 운영하고 있었는데, 가게 위로 폭탄이 떨어진 후 곧바로 정부에 손해배상을 청구했다. 사고 당시 조직원들은 가게의 식료품들을 다 모아서 쥘츠귀르텔Sülzgürtel 8번지에 있는 가정집 지하실로 옮겼다. 그들은 석탄과 감자 더미 사이에 설탕 4젠트너Zentner,[23] 버터 2젠트너, 밀가루, 율과 등을 크리스마스 과자와 함께 숨겼다.

그 당시 쾰른의 늦가을은 전혀 크리스마스 분위기가 아니었다.

연합군의 무수한 폭탄 공습으로 쾰른 시는 완전히 파괴되었고, 도시

---

22. 약 1820년경부터 아헨(Aachen) 지방에서 생산되는 특수한 종류의 밤색 크리스마스 과자-렙쿠헨(Lebkuchen).
23. 1젠트너는 50kg.

전체가 폐허로 변했다. 거리와 보도 곳곳에 파괴된 집과 교회의 파편들이 산더미처럼 쌓여 있었고, 폭탄이 떨어진 구덩이는 잡초들과 쓰레기로 가득했다. 전기는 단절되었고, 물은 하루에도 몇 번씩 멀리 떨어진 우물에서 길어 와야 했다. 시민들은 굶주렸고 밤마다 계속되는 폭탄 공습 때문에 잠을 이룰 수 없었다. 사람들은 다음 대피소로 뛰어들 준비를 하며 신경을 곤두세우고 있었고, 계속되는 사이렌 소리에 고통스러워했다.

1944년, 약 백 번에 달하는 연합군의 집중적인 공습으로 인해 쾰른 시는 최악의 상태에 이르렀다. '최후 승리'를 믿는 자는 더 이상 존재하지 않았다. 쾰른 시민들은 제3제국의 패망이 얼마 남지 않았음을 예감하고 있었다. 탈영병들과 강제노역 시설에서 도망쳐 나와 폐허의 더미 속에 숨어 지내던 노동자들 역시 앞으로 다가올 종전을 예견하고 있었다.

1944년 9월 아헨 시 앞까지 연합군이 진군한 이후 사람들은 더욱 종전을 학수고대하였다. 소위 '불법자들'은 먹을 것을 훔치거나 누군가의 도움으로 식량을 조달받아 겨우 연명해가고 있었다.

쾰른 출신 하인츠 훔바하Heinz Humbach는 안개 자욱한 어느 가을날의 일을 아직도 생생히 기억하고 있다.

크리스마스 과자 때문에 후일 재앙을 맞은 한 남자가 하인츠의 부모님 집이 있던 쥘츠귀르텔 8번지에 나타났다. 그는 낡은 외투의 칼라를 높이 세운 채 추위에 떨면서 희뿌연 천장 조명을 받으며 현관문 앞에 서 있었다. 그는 곧 하인츠의 집 안으로 이끌려 들어갔고, 하인츠의 부모와 그 이방인은 현관문을 꼭 잠근 채 속삭이듯 말을 주고받았다. 잠시 후 누군가가 다시 조심스레 현관문을 열고 인기척이 있는지 살폈다.

그다음 하인츠 훔바하의 아버지는 그 낯선 방문객과 함께 발소리를 죽여 살그머니 지하실로 내려갔고, 한동안 그곳에서 나오지 않았다.

이 이방인이 다시 집을 나설 때는 폭탄 공습으로 파손된 가게에서 가져온 식량과 크리스마스 과자가 들어 있는 큰 자루를 손에 들고 있었다. 곳곳에 숨어 지내던 '불법자들'은 그 식량으로 며칠을 더 연명할 참이었다. 얼음장처럼 차가운 지하실, 먼지로 뒤덮인 다락방, 빈집 뜰의 낙엽 더미 속, 허물어진 돌 더미 속에 숨어 사는 자들에게 쥘츠귀르텔에 사는 주민들은 구조선의 닻이나 다름없었다. 위험을 무릅쓴 주민들의 도움이 없었더라면 그들 대부분은 전쟁이 끝나기도 전에 아사했을 것이다.

페르디난트 훔바하Ferdinand Humbach와 그레테 훔바하Grete Humbach는 16세의 아들 하인츠와 함께 쥘츠귀르텔 8번지에 살고 있었다.

훔바하 가족은 나치 정권에 대항하는 공산주의자들이었다. 페르디난트는 1933년 나치가 정권을 잡은 직후 여러 번 체포되어 징역살이를 했다. 그 후 훔바하 가족은 쾰른에서 200명에 달하는 조직원으로 구성된 인민전선위원회Komitee der Volksfront라는 나치 저항 조직에 가담했다. 나치 정권하에서 정치적으로 더 이상 대항할 수 없게 되었다는 확신에 이른 몇몇 쾰른 공산주의자들이 이 저항 조직을 창설했다.

1943년 7월, 소련연방에 살고 있던 독일인들에 의해 자유독일민족위원회(National Komitee Freies Deutschland, 이하 NKFD 약자로 표기)가 조직되었다. NKFD 조직의 목표가 나치 정권을 밀어내고 가능한 한 조속히 전쟁을 끝내는 것이라는 보도가 모스크바 라디오 방송을 통해 쾰른까지 전해졌다. 쾰른 조직은 NKFD와 정치적 목표가 일치하였으므로 자신들을 NKFD 운동의 일부로 여겨 동일한 조직 명칭을 사용하기 시작했다.

쥘츠귀르텔의 집은 모반을 꾀하기에 아주 적합한 장소였다. 이 건물에는 4개의 가구가 들어 있었는데, 그중 두 가구는 이미 비어 있는 상태였다. 비어 있는 두 가구의 가장들은 참전을 했고, 나머지 가족들은 집을 비우고 떠났다. 마침내 훔바하 가족만이 그 건물에 남게 되었고, 나머지 빈집의 열쇠를 갖고 있어 건물 전체를 사용하는 것이 가능했다.

당시 퇴역 군인 가족은 정치적으로 위험하지 않은 부류로 인정되고 있었다. 나치는 훔바하가 NSDAP[24] 정당 가입을 거부했다는 이유로 조기 퇴직시켰다. 그리고 훔바하 가족은 이 건물에서 살다가 떠난 이들은 이 건물에서 일어나는 일들에 대해 무관심하리라 믿었다.

쾰른 NKFD의 주동 인물들은 페르디난트 훔바하Ferdinand Humbach, 빌리 톨만Willi Tollmann, 쟝 케릅Jean Kerp, 야콥 초른Jakob Zorn, 오토 리히터Otto Richter, 그리고 7월 20일 히틀러 암살 음모 발각 후 잠적한 빌리 슈마허Willi Schuhmacher였다. 이 건물에는 이들뿐만 아니라 강제 이송 중에 도망쳐 나온 유태 여인 엘리스(또는 알리체) 노이게바우어Alice Neugebauer와 그녀의 딸 일제Ilse가 숨어 살고 있었다.

쥘츠귀르텔 집에는 NKFD 조직원 여러 명이 이미 살고 있는 데다가 정기적으로 '상황 보고 및 토론'을 해야 했기 때문에 이 건물은 자연스

---

24. Nationalsozialistische Deutsche Arbeiterpartei의 약자로 국가사회주의 독일 노동당, 즉 나치 정당을 뜻함.

럽게 조직원들이 활발히 왕래하는 모임의 장소가 되었다. 조직원들은 비어 있는 방에 누군가를 임시로 숨겨주기도 하고, 비밀 전단이나 식량을 전달하는 비밀 장소로, 또는 긴급 토론을 위한 장소로 그 집을 사용했다. 말하자면 쵤츠귀르텔 8번지 건물은 1944년 가을 저항의 보금자리였다.

11월 어느 저녁, 낡은 외투를 걸친 채 버터와 설탕, 그리고 과자를 싸들고 빠른 걸음으로 이 건물을 빠져나간 사람은 엥겔베르트 브링커였다. 그 역시 NKFD의 조직원이었다. 그는 클뢰크너-훔볼트-도이츠Klöckner-Humboldt-Deutz의 철물 공장에서 일하던 다우Dau 4번지 거주자였다. 엥겔베르트는 공장에서 소규모의 저항 모임을 조직했다. 모임의 구성원들은 대부분 강제로 투입된 공장 근로자들이었다. 브링커는 소련 출신 노동자들을 집중적으로 보살폈다. 그들은 감독관들로부터 피가 터질 정도로 심한 구타와 혹독한 학대를

엥겔베르트 브링커.

받은 자들이었다. 브링커와 그의 동료 조직원들은 소련 출신 노동자들에게 식량을 제공해주면서 러시아어로 번역된 전쟁 상황을 알리는 정보 쪽지를 비밀리에 넣어주었다. 독일어로 된 정보는 우선 베르기센 란트Bergischen Land에 사는 한 남자에게 비밀리에 보내져 러시아어로 번역되었다.

브링커는 정보를 전달하는 임무뿐 아니라, 주로 밤에 팸플릿, NKFD의 포스터, 삐라, 손으로 쓴 전단지를 뿌리는 일도 담당했다. 가로 60센티미터, 세로 40센티미터가량의 작은 전단에는 슬로건이나 선서 또는

시민을 향한 구체적인 제안 등이 적혀 있었다.

　"노동자들이여, 군인들이여! 전쟁 참여를 거부하라!"
　"우리와 함께 평화, 자유, 독일을 위해 싸우자!"

또 NKFD의 거의 모든 전단에는 "히틀러의 사망: 평화와 빵!"이라는 슬로건이 적혀 있었다.

브링커를 중심으로 여러 저항운동이 전개되었다. 그의 주요 임무는 사람들을 서로 연결하고, 연락망을 감시하고, 조직하고, 협조하는 것이었다.

엥겔베르트 브링커는 초창기부터 그 조직원으로서 확신에 찬 공산주의자이자 극렬한 히틀러 반대자였다. 그는 뜻을 굽히지 않고 갈색[25] 물살을 반대 방향으로 거슬러 헤엄친 용감한 자였다. 그는 저항운동을 하면서 매일 목숨을 걸고 살았다. 그럼에도 불구하고 우리는 그에 대해 아는 바가 거의 없다. 엥겔베르트 브링커라는 인물의 삶은 그 흔적을 찾기가 쉽지 않다.

브링커라는 인물의 삶의 궤적은 그림자처럼 자신의 정치적 운동의 배경 앞에 약간 윤곽을 드러낼 뿐이다. 그와 함께 일했고, 그를 알았고, 그와 함께 싸웠던 조직원들은 모두 그와 같은 시기에 처형당했다. 종전 후 한동안 쾰른 시에 거주했던 그의 아내와 딸의 자취도 사라진 지 오래다.

브링커는 1833년 11월 16일 쾰른에서 출생했다. 그의 유년기와 청소

---

25. 나치를 상징하는 색.

년기에 대해서는 전혀 알려진 바가 없다. 그의 생가가 쾰른 시 어디인지, 어느 학교에 다녔는지도 모른다. 그가 부모님으로부터 공산주의 사상을 물려받았던 것인지, 그의 정치적 신념이 부모님의 영향으로 형성된 것인지 등은 전혀 알 길이 없다. 다만 그가 쾰른 시 어딘가에서 철물 제조 견습을 받았으며, 1919년에 KPD[26] 당원이었다는 문서가 남아 있을 뿐이다. 추측건대 1943년 말경 그는 NKFD에 가담하여 지하조직에서 일하기 시작했을 것이다.

자신의 저항운동을 숨기기 위한 목적으로 그는 악마와 손을 잡을 수밖에 없었는데, 나치 국민복지회(NSV: Nationalsozialistische Volkswohlfahrt)에 가입한 것이 그 예이다. 나치는 심지어 그에게 공로 십자 훈장을 하사하기도 했다. 그 공로 훈장의 명분은 '공습당한 후에 자신의 목숨을 걸고 여러 사람을 죽음에서 구해냈다'는 것이었다.

그의 사진이 딱 한 장 남아 있다. 똘똘하면서도 진지한 눈매를 지닌 총명한 얼굴이다. 하인츠 훔바하 역시 쥘츠귀르텔의 부모님 집에서 단 한 번 보았던 얼굴이다. 그러나 하인츠 훔바하를 포함한 어느 누구도 바로 그날 밤 브링커의 운명이 결정되리라고는 예상하지 못했다.

엥겔베르트 브링커가 식량 자루를 끌어안고 어둠 속으로 사라진 이후 무슨 일이 일어났는지 어느 정도까지는 짐작해볼 수 있다. 식료품 가게에서 사라진 식량에 대해 정보를 얻은 누군가가 이미 그를 미행하고 있었을 것이다.

브링커가 마지막으로 쥘츠귀르텔의 집을 방문한 후 며칠 뒤인 11월 14일 비밀경찰Gestapo=Geheime Staatspolizei은 브링커를 체포하여 브라우

26. Kommunistische Partei Deutschlands의 약자로 독일 공산당을 뜻함.

바일러Brauweiler 감옥으로 끌고 갔다. '강제노역소'였던 브라우바일러는 포로수용소로 보내질 사람들의 임시 감옥이었는데, 나중에는 비밀경찰의 특별 감옥으로 바뀌면서 그곳에서 고문과 총살형이 집행되기도 했다.

1944년 8월, 나치는 소위 울타리-번개작전[27]이란 명분하에 저명한 정치가 콘라드 아데나우어Konrad Adenauer와 천주교 중앙당 의원 오토 게릭Otto Gerig을 이 감옥에 수감하기도 했다.

엥겔베르트 브링커는 배신당했던 것으로 추측된다. 그 배신은 나치의 열성분자에 의해서도 아니고 첩자나 개인적인 원한 관계에 있는 사람에 의해서도 아니었다. 고문을 이겨내지 못한, 같은 이념을 나누었던 공산주의 여성에 의해서였다고 추측된다.

1944년 9월 쾰른의 비밀경찰은 페르디난트 퀴터Ferdinand Kütter가 이끄는 특수 사령부를 창설했다. 특수 사령부는 한때 대수도원이었다가 강제노역소로 사용되던 브라우바일러에 본부를 두었다. 부대원들의 임무는 에렌펠트Ehrenfeld 구역에서 활동하는 '패거리들'을 잡아들이는 것이었고, 즉시 패거리들을 소탕했다. 그들은 짧은 기간 안에 128명의 '패거리들'을 체포했다. 체포된 이들은 대부분 강제노역자들이거나 포로수용소에서 탈출한 사람들이었다. 탈출한 한스 슈타인브뤽Hans Steinbrück이 이끄는 청소년들의 조직인 '에델바이스 해적Edelweißpiraten'[28] 소속 6명도 체포되었다. 이 젊은이들은 1944년 11월 10일 법원의 판결도 없이 쾰른-에렌펠트 구역 쇤슈타인가Schönsteinstraße와 휘텐가

----

27. Gitter-oder Gewitteraktion: 1944년 7월 20일 히틀러 암살 음모 실패 후 음모자들이 아니라 그 측근들을 잡아들인 작전.
28. 에렌펠트 그룹 또는 슈타인브뤽 그룹으로 명명되었던 이 모임은 100명이 넘는 수의 청소년, 탈출한 수감자, 탈영병, 강제 노역자, 유태인 등으로 구성된 저항세력이었다.

Hüttenstraße 교차로 모퉁이에서 교살당했다. 처형된 젊은이들 중에서 가장 어린 희생자는 16세 소년 귄터 슈바르츠Günter Schwarz였다. 그는 '혼혈 유태인'이었고 KPD 당원이었던 고모 아우구스테Auguste S. 집에서 살고 있었다. 소년이 교수형을 당하기 전에 그의 고모 아우구스테도 체포되어 심문을 당했다. 심문이라는 명분하에 아마도 혹독한 고문이 가해졌을 것이다.

또 다른 여인 에르나Erna H.도 체포되어 심문을 받았다. 그녀는 NKFD의 조직원들을 많이 알고 있었고, 비밀경찰의 끔찍스러운 고문을 견디다 못해 동료 몇 명의 이름을 불었던 것으로 추측된다. 엥겔베르트 브링커라는 이름도 그중 하나였으리라. 그녀의 자백을 근거로 비밀경찰은 덫을 놓고 잠복해 있다가 조직원들을 잡아들였다. 브링커는 브라우바일러 감옥에서 쉴 새 없이 심문을 받았고, 끊임없이 협박을 당했다. 경찰은 특히 그가 어디서 식량을 조달받는지 알아내고자 했다. 체포 당시 그가 아헤너 프린텐Aachener Printen이 들어 있는 봉지 여러 개를 몸에 지니고 있었기 때문이었다.

엥겔베르트 브링커는 처음 열흘간 자백을 완강히 거부했고, 경찰은 그의 온몸에 깊은 상처가 날 때까지 극심한 고문을 가했다. 상처에는 염증이 생겨 곪아서 패혈증으로까지 번졌다. 점점 더 가혹해지는 고문을 브링커는 더 이상 버티지 못하고 NKFD 본부의 주소를 불고 말았다.

"쵤츠귀르텔 8번지……."

그 후에 벌어진 일들에 대해 하인츠 홈바하는 다음과 같이 기억한다.

비밀경찰이 쵤츠귀르텔 8번지 주소를 알아낸 이후로 나머지는 애들 장난이나 다름없었다. 비밀경찰은 그저 인명기록 장부를 뒤적여 우리 아버지가 1933년에서 1935년 사이에 여러 차례 구속되었다는 사실을 알게 되었다. 비밀경찰은 곧 아버지의 배후에 더 많은 사람들이 연루되어 있으리라는 사실을 알아챘다.

얻어낸 정보를 사용하는 데 비밀경찰은 전혀 지체하지 않았다. 엥겔베르트 브링커 건을 담당했던 악명 높은 특별 사령부 퀴터Kütter가 8번지 조직원들의 체포 작전도 주도했다.

11월 24일, 브링커가 체포된 지 열흘 만에 비밀경찰의 어마어마한 소집부대와 친위대ss가 쵤츠귀르텔의 집으로 쳐들어왔다. 검거 당시 NKFD의 조직원 9명이 그 집에 있었다. 체포된 자들 중 빌리 톨만willi Tollmann은 이층 창문에서 뛰어내려 도망쳐 폐허 더미 속에 잠시 숨었으나 곧 비밀경찰에 의해 발각되었다. 엘리스와 일제 노이게바우어, 빌리 톨만의 배우자 레니 베르너, 빌리 슈마허, 페르디난트와 그레테 홈바하, 16세 소년 하인츠 홈바하가 체포되었고, 체포 당시 유일하게 무기로 방어하려 했던 야콥 초른도 결국 체포되고 말았다. 그 집에서는 무기, 총알, 전단, 식량 등이 발견되었다. 연합군이 쾰른 시를 점령할 경우 저항 조직으로 인정받기 위해 준비해놓은 서류들도 비밀경찰의 손으로 넘어갔다.

한 장소에서 그렇게 많은 물건들이 한꺼번에 발견됐다는 사실은 도무지 이해가 되지 않는다. 그것은 저항의 원칙을 어기는 일이

빌리 톨만.

다. 저항 조직원들이 그동안 얼마나 조심스럽게 행동했었는지 알고 나면 무기와 식량 등을 보관하는 일에 어찌 그리도 부주의했었는지 의아해하지 않을 수 없다.

국가 권력의 이와 같은 즉각적 조치는 '저항 조직'의 중요성을 반증해준다. 8번지 집에서의 체포 사건 이후 며칠 동안 쾰른 시 곳곳에서 약 55명의 NKFD 조직원들이 연이어 체포되었다. 쥘츠귀르텔 8번지의 저항 요새는 그렇게 파헤쳐지고 말았다.

체포된 자들은 모두 브라우바일러 감옥으로 끌려갔다. 그들 역시 심문받고 고문당했다. 수감자들 중의 한 사람은 다음과 같이 적고 있다.

> "나는 지하실로 끌려갔다. 거기서 그들은 나를 걸상 위에 앉혀
> 놓고 정신을 잃을 때까지 오랫동안 두들겨 팼다. 도중에 잠시 멈추
> 고 이름들을 불 준비가 되었는지, 진술서에 서명할 준비가 되었는
> 지를 여러 번 묻곤 했다."

브라우바일러 감옥의 수감 여건은 비인간적이었다. 수감자들은 등 뒤로 손이 묶인 채 일주일 내내 추운 감방 바닥에 누워 있어야 했다. 심지어 식사 때에도 풀어주지 않아서 동물처럼 바닥에 놓인 대접에 입을 대고 핥아먹어야 했다. 16세의 하인츠 홈바하는 아버지가 갇혀 있던 옆 감방에서 고문당하고 학대받았다.

이 모든 비극은 고문의 극단적 고통을 더 이상 견디지 못하고, 결국 온갖 고문 끝에 더 이상 함구할 수 없었던 한 남자의 유일한 자백에서 비롯되었다.

누가 감히 이 행위를 심판하겠는가?

약 300년 전에 예수회 목사였고 드라이쾨니히스 김나지움Dreikönigs gymnasium의 교사이자 소위 '마녀 변호사Hexenanwalt'였던 프리드리히 스페 폰 랑엔펠트Friedrich Spee v. Langenfeld는 마녀미신을 맹렬히 비난하는 그의 저서『카우치오 크리미날리스Cautio Criminalis』[29]에서 다음과 같이 적고 있다.

"고문과 비열한 밀고로 이루지 못할 일이 있단 말인가? 그 수단으로 거의 모든 목적에 도달할 수 있다(……)."

엥겔베르트 브링커는 1944년 12월 13일 극심한 고문 끝에 사망했다. 그의 묘소가 존재하는지는 알려진 바 없다.

29. 1631년에 출간된 마녀미신을 퇴치하는 데 크게 기여한 비판서.

의무 수행을
통한
저항

랍비 이지도르 카로(Isidor Caro) 박사(1876~1943)

비밀경찰관은 처음엔 잘못 들었다고 생각했다. 1938년 11월 어느 스산한 날 그는 시끌벅적한 업무를 막 끝내고 아펠호프 광장Appellhofplatz에 자리한 엘-데-하우스El-De-Haus[30]의 사무실에 편안하게 앉아 커피를 한잔 마시고 있었다. 그 순간 누군가 사무실 문을 두드렸다. 검은 양복을 소박하게 차려입은 수염 난 남자가 문 앞에 서 있었다. 그는 자신을 랍비 카로 박사라고 소개하고는, 의아해하는 경찰관에게 단도직입적으로 자신의 용건을 말했다. 그는 차분하게 상황을 설명하면서, 1938년 11월 9일 포그롬Pogrom[31] 때 체포되어 브라우바일러 감옥에 수감되어 있는 동료 랍비를 방문하고 위로할 수 있는 사제 직무를 허락해달라고 정식으로 요청했다.

아마도 그 비밀경찰관으로서는 예상치 못하고 있다가 갑작스럽게 당

30. El-De는 건축가 레오폴드 도멘(Leopold Dohmen)의 약칭이며, 엘-데-하우스는 원래 주택과 상점용으로 쾰른의 구시가지에 건축되었는데, 1935년~1945년까지 나치가 비밀경찰서와 감옥으로 사용함.
31. 러시아어로 타민족, 특히 유태인 박해 및 학살을 의미함.

한 일이라, 정중하면서도 당당한 그 어른을 어떻게 취급해야 할지 난감했던 것 같다. 어쨌든, 카로 박사는 체포되지 않았을뿐더러 자신의 청원도 즉시 받아들여졌다.

카로 박사는 쾰른의 명사였다. 누구나 그가 신, 구교의 목사나 신부들과 친분이 있다는 사실을 잘 알고 있었다. 쾰른의 유태인들에게는 시 외곽까지 잘 알려진 상당수의 유명한 랍비들이 있었다. 그들 중에는 유태인공동체 랍비 아돌프 코버Adolf Kober(1879~1958) 박사, 글록켄가세 시나고게Glockengasse Synagoge 랍비인 루트비히 로젠탈Ludwig Rosenthal(1870~1938) 박사, 유태정교회에서 탈퇴한 교구 아다쓰 예슈룬 Adass Jeschrun[32]의 랍비인 다비드 카를레바하David Carlebach(1899~1952) 박사, 쾰른 탈무드-토라Talmud-Torah 학교장인 베네딕트 볼프Benedikt Wolf(1875~1968) 박사 등이 있었고, 카로 박사도 그들 중 한 분이었다.

이지도르 카로는 대부분의 쾰른의 유태인들처럼 동유럽 출신이었다. 그는 1876년 10월 6일 포젠Posen 지방 친Zinn[33]에서 전통 있는 명문가의 자제로 태어났다.

장남이었기에 랍비를 천직으로 택할 것이 태어나면서부터 결정되어 있었다. 그는 랍비 신학교를 마치고 베를린에서 '유태학'을 전공했다. 나중에는 기센Gießen 대학에서 역사학과 철학 박사학위를 취득했다. 그리고 1908년에 랍비직을 맡아 쾰른으로 이주했다. 아내 클라라와 함께 에렌펠트귀르텔 171번지에 있는 창립시대[34] 때 건축된 큰 건물의 넓은 층

---

32. 1860년 이후부터 존재하는 유태교의 한 종파.
33. 지금의 폴란드 포젠 지방의 도시.
34. 일반적으로는 19세기에 중부 유럽에서 산업화가 성행하던 시기를 일컬으며, 특히 독일의 경우는 1871년 독불전쟁 승리 후 프랑스로부터 엄청난 피해보상금을 받으면서 전례 없는 경제 호황을 맞아 건축 붐, 증권회사, 유령회사 등이 1873년 증권 폭락 시까지 성행한 시기를 일컫는다.

랍비 이지도르 카로 박사.

으로 이사했다. 그는 랍비직과 더불어 크로이츠가세Kreuzgasse 김나지움에서 종교 교사로 근무했다. 그는 교직 시작 때부터 2차 대전 당시까지 쾰른의 젊은 유태인들에게 유태교를 가르친 교육자였다.

그는 랍비직, 교사직과 더불어 사제 역할에 집중했다. 1912년 카로는 '진보적 유태교를 위한 프로그램에 대한 원칙'에 서명했다. 그 원칙은 진보주의 랍비들의 모임에 의해 발표되었는데, 독일 유태정교회를 신랄히 비판하는 것을 내용으로 하였다. 그리고 1913년에 그는 정신병자와 유태인 교도소 수감자들을 돌보는 사제로 임명되었다.

클라라 카로 역시 사회참여에 힘썼다. 그녀는 자원해서 클링엘퓌츠 Klingelpütz 시립교도소의 유태인 여성 수감자들을 돌보았다. 그리고 여성유태인협회에 소속된 위기에 처한 여성 돌보기 모임에서 봉사했다. 그녀의 업무 중 하나는 린덴부르크Lindenburg 시립병원 정신과에서 심리상태를 감시받고 있던 여성 전과자들을 돌보는 일이었다. 시립보건소에서도 일을 했고, 형을 마치고 사회로 복귀한 여성 전과자들을 돌보는 일도 맡았다. 그러나 클라라 카로는 이러한 봉사를 1939년 1월 1일까지만 수행할 수 있었다.

이지도르 카로는 시오니즘Zionism의 신봉자였다. 그는 1933년 로온가Roonstraße의 시나고그Synagoge에서 열린 강연에서 테오도르 헤르첼 Theodor Herzel[35]의 이념에 동조하는 의사를 표명했다. 헤르첼은 1896년에 그의 수필 『유태 국가』에서 온 세계에 흩어져 사는 유태인들을 위한 단일국가의 필요성을 강조한 바 있다. 카로는 강연회에서 청중에게 다음과 같이 확언했다.

"만일 우리가 유태교를 고수하면, 이스라엘은 결코 멸망하지 않을 것이다……."

이지도르와 클라라 카로가 1933년 1월 30일 쾰른에서 나치에 의해 정권이 교체된 사실을 어떻게 받아들였는지는 알려지지 않았다. 정보에 눈이 밝은 유태인들조차 나치의 정권 장악이 어떠한 결과를 초래할지 예측하지 못했다. 카로의 동료이자 쾰른 유태인공동체의 랍비였던 루트비히 로젠탈 박사는 1933년 3월 31일자 공동체 신문에 "시대에 관한 언급"이라는 제목으로 다음과 같은 기고문을 실었다.

새로운 시대가 시작되었다. 새로운 독일제국이 세워졌다. 우리 유태인들에게는 시민권의 제한, 인권 침해, 종교적 자유의 제한이 시작되었다. 사람들이 모두 펄럭이는 깃발을 치켜들고 환성을 지르며 골목골목으로 행진하는 동안 유태인들에게는 선지자의 엄중한 경고만이 남아 있다.

"떠나거라, 나의 민족이여, 너희들은 집으로 들어가 문을 닫아

---

35. 1860년 5월 2일-1904년 7월 3일. 오스트리아-헝가리 왕국 출신의 유태인 작가, 저널리스트, 출판인, 현대 시오니즘의 주창자로서 1896년에 『유태 국가』를 저술함으로써 지금의 이스라엘 건국에 박차를 가했다.

라. 폭풍의 소용돌이가 지나갈 때까지 기다려라. (⋯⋯) 인간의 운명을 좌지우지하시고, 그 의지에 따라 영고성쇠를 주관하시는 우리가 알고 믿는 주님을 간절히 기다려라. 보라, 이스라엘의 수호자는 잠들지도 않고 졸지도 않으시리라(⋯⋯)."

1934년, 유태인들의 상황이 점점 악화되어 기념일을 축하하거나 명예를 기리는 축하회를 거행하기엔 시기상 적합하지 않았음에도 불구하고 이지도르 카로는 공동체로부터 성대한 축하를 받았다. 축하 파티가 열린 이유는 세 가지였다. 카로의 쾰른 유태인공동체 근무 25주년, 클라라 카로의 자원봉사 근무 25주년, 그리고 부부의 은혼식이었다. "랍비 카로 씨네 3중 기념회"라는 제목으로 1934년 제13호 공동체 신문에 랍비에게 헌정하는 긴 칼럼이 기고됐다. 그 가운데 한 구절은 이렇게 칭송하고 있다.

당신 스스로 우리 선지자들 말씀의 세밀한 해석자이신 카로 박사님께서는 학생들을 유태민족의 대단한 열성의 정신으로 채우셨고, 그들의 가슴속에 유태교의 이상에 열광할 불꽃을 심어 넣으셨으며, 그들의 영혼 속에서 유태교의 엄격한 윤리강령을 이해할 수 있도록 깨우쳐주셨으며, 우리의 젊은이들이 어려운 오늘날에 자기 옹호의 싸움에서 패하지 않게끔, 그리고 그들이 영광스러운 역사의 희망에 찬 가지들임을 자부하게끔 고무하셨다.

1934년 유태교 설날[36]에 카로는 라인란트Reinland 주와 베스트팔렌 Westfalen 주의 유태인공동체를 위한 기사를 공동체 신문에 발표했다. 그는 기사에서 "유태교로의 귀화"와 "유태인공동체 의식의 견고화"가 지속적이지 못함을 호소하면서 유태교육을 심화할 것을 역설했다. 학교에서 유태교 수업을 확대해야 하며, 안식일[37]을 유태교 교리를 배우는 날로 규정해야 한다고 강력히 주장했다. 이 기사를 읽으면 유태인의 자기 옹호의 의지를 여실히 느낄 수 있다.

1938년 11월 9일에서 10일로 넘어가던 밤의 포그롬Pogrom은 대다수의 쾰른 유태인들에게 전환점이 되었다. 그동안 지속적으로 주장해온 "더 좋은 시절"이 오리라는 희망을 유지하는 것은 어려운 일이라고 카로 부부 역시 느꼈다. 그들이 칭송해오던 독일-유태인 공동사회는 돌이킬 수 없을 정도로 파탄에 이르렀다. 1938년에 공동체 랍비 루트비히 로젠탈 박사가 별세한 후 이지도르 카로가 그의 직책을 물려받았다. 이지도르와 클라라 카로는 독일을 떠날 수 있는 기회를 여러 번 거절했다. 그들은 대영제국이나 쿠바로 떠날 수 있는 비자를 거부하고 곤궁에 처한 쾰른 공동체에 머무는 것을 선택했다.

마지막 순간까지 의무를 다하기 위함이었다. 그것은 아마도 그들의 온전한 개인적 저항 방식이었으리라.

1941년이 되기 전에 카로 부부는 에렌펠트귀르텔의 넓은 집을 비워야만 했다. 로온가Roonstraße 50번지 시나고그 뒤편에 위치한 랍비 로젠탈의 집에서 그들 부부는 다른 유태인들 13명과 함께 비좁게 살았다. 클라라 카로는 쾰른-니페스Nippes 구역에 있는 오펙타Opekta[38]로 소집되어

---

36. Rosch Haschanah: 유태교 음력에 따른 정월 초하루로 양력으로는 주로 9월과 10월에 해당된다.
37. Sabbat: 유태교의 7번째 요일로 금요일의 일몰에서부터 토요일 일몰까지 유태교의 예식이 진행된다.
38. 식료품 생산공장.

강제노역에 투입되었다. 학대와 포로수용소를 거처 살아남은 그녀는 종전 후에 『검보다 강하게』라는 제목의 책에 그동안의 기억들을 담아 출판했다. 그녀는 강제 이송 직전의 상황을 다음과 같이 적고 있다.

> 심지어 우리의 마지막 죄 없는 작은 친구들까지 빼앗아갔다. 개, 고양이, 새 등 모든 애완동물들은 전부 헌납되어야 했다. 인간의 잔인성을 알지 못하는 그 동물들은 우리들의 마지막 위안이었다 (……).

1942년 6월, 나치에 의해 쾰른의 유태인들을 테레지엔슈타트Theresienstadt로 강제 이주시키라는 제1차 명령이 떨어졌다. 카로 부부는 자진하여 이 강제 이송 열차에 타기로 결심했다. 다른 유태인들과 마찬가지로 그들에게도 50파운드의 짐을 꾸릴 단 3시간만이 허락되었다. 6월 15일에 강제 이송 열차가 출발했다. 클라라 카로는 당시의 기억을 다음과 같이 적고 있다.

> 그 비인간성을 속수무책으로 바라보아야 하느니, 우리는 공동체의 첫 1,000명과 함께 강제 이주되어 그들과 운명을 같이하는 편이 차라리 속 편했다(……).

마지막으로 갖고 있던 시계와 만년필을 빼앗긴 후에 카로 부부는 다른 유태인들과 함께 대기하고 있던 가축 운반 열차 칸으로 밀려들어갔다. 사흘 밤낮이 걸려 그들은 소위 '위대한 지도자께서 체코 유태인들에게 게토Ghetto의 건립을 위해 하사하신 테레지엔슈타트'로 이송되었다. 클라라 카로는 테레지엔슈타트에 도착한 후 첫인상을 다음과 같이 묘사하고 있다.

테레지엔슈타트에 도착하자마자 나치는 6주일 동안 사람들을 지푸라기가 깔린 하노버Hannover 숙소에 가두었다. 그곳에서 여러 명이 사망했다. 나중에는 남녀로 분리되어, 그들이 '주택'이라 칭한 주택 아닌 주택으로 옮겨졌다. 거의 50명에 달하는 사람들이 좁은 흙바닥에서 함께 거주해야 했다.

예배를 드릴 수는 있었다. 과거에 마구간이었던 장소 또는 침실이나 거실로 사용되었던 공간에서도 보잘것없는 예배를 드릴 수는 있었다. 핍박당한 불쌍한 영혼들에게 이 기도의 시간이 얼마나 큰 위로의 시간인지 나치는 알지 못했다. 그곳에 수감된 독일 랍비들은 각자 예배 의식을 치렀다. 그러나 랍비들의 주된 임무는 자기 교구의 신자들을 무덤으로 보내는 슬픈 장례였다. 첫해에 무수히 많은 쾰른 신도들이 굶주림과 질병으로 끔찍하게 사망했다. 살아남은 사람들을 위로하고 용기를 주는 랍비의 과제는 점점 힘들어졌다(……).

마지막 순간까지 끊이지 않는 용기, 정신적 강인함, 그리고 희생정신, 이 세 가지는 랍비 이지도르 카로의 성품을 묘사하는 단어들이다.

1943년 한여름이었던 8월 28일 그는 테레지엔슈타트에서 아사했다. 클라라 카로는 남편의 장례에 대해 다음과 같이 적고 있다.

게토 고문의회는 남편을 집단이 아닌 단일 장례로 치르기로 결정했다. 내가 알기로는 남편 외에 베를린공동체 회장이었던 하인리히 슈탈Heinrich Stahl만이 이 영예를 얻었다. 한 체코인이 장식이 들어간 유골 단지를 만들었다. 그러나 훗날, 남편의 유골 단지도 다른 유골 단지들과 같은 운명을 맞게 되었다. 나치는 수많은 망자들의 흔적을 감추기 위해 1944년 10월, 유골 단지들을 모조리 엘베Elbe 강에 던져버리라고 명령했다(……).

이지도르 카로 박사는 유태교공동체에서 오늘날까지 추모하는 쾰른의 랍비들 중 한 분이다. 1954년 보클레뮌트Bocklemünd에 있는 유태인공동묘지에 그를 추모하기 위한 기념비가 세워졌다.

호이셴벡(Häuschenweg) 18번지 앞
걸림돌

살인적인
배신

카를 프랑켄슈타인(Carl Frankenstein, 1891~1941)

카를 프랑켄슈타인.

네 페이지로 되어 있는 호외. 첫 페이지는 다음과 같은 경고문으로 시작된다.

이 호외는 단 한 번뿐이다! 케이크나 다른 과자 따위를 포장하는 일에 이 호외를 사용하는 자는 단단히 책임을 져야 할 것이다!

어떤 책임을 져야 하는지에 대해 언급하고 있지는 않으나 그 '특보'를 둘러싼 비밀은 곧 밝혀진다.

영화 속에서조차 볼 수 없을 정도로 아름다운 러브 스토리는 오늘 그 행복한 결말을 맞이했다.

그 러브 스토리의 주인공인 우리의 친애하는 카를은 바람직한 신랑감으로서 갖추어야 할 기본적으로 중요한 조건들을 모두 갖추고 있다.

훤칠한 키에 젊고 잘생긴 데다 정열적이며 고상한 성품을 지닌 아주 이상적인 신랑감이다.

그의 신부, 아름다운 일제Ilse 역시 나무랄 데가 없다. 그녀는 전설로 뒤덮인 하르츠Harz 산맥[39]의 일제 강변에 살고 있다는 요정들의 친척이 아닌지 의심해볼 정도로 아름다운 외모를 갖추고 있다 (……).

우리의 친애하는 카를이 뛰어난 사냥꾼이라는 사실을 추가로 말해둔다. 그는 사냥이라는 스포츠를 통해 휴식을 얻을 뿐만 아니라 번창하는 신발 공장을 운영해나가는 데 필요한 힘을 얻기도 한다(……).

이제 우리는 이 젊은 한 쌍을 아무 걱정 없이 아름다운 새 저택에 입주시켜도 되리라. 그는 왕자이고 그녀는 공주다. 저택 테라스에서 카를은 일제를 껴안고 말할 수 있으리라.

"내 사랑, 뭘 더 원해?"

그러면 그녀는 대답하리라.

"더 이상 질문은 그만. 나의 입맞춤이 대답해줄 테니……."

그러고 나서 청첩 신문은 물론 신부의 아름다움과 우아함에 대해 특별한 '음악적' 공물을 바치고 있다.

"귀 기울여 들어라, 누가 밖에서 들어오는지"[40]의 멜로디에 맞추어 하객들은 다음 가사로 합창해야 했다.

---

39. 3개의 주 니더작센, 작센-안할트, 튀링엔을 관통하는 북독에서 가장 높은 산맥으로 여러 동화와 신화의 배경이다.
40. Horch, was kommt von draußen rein: 우리나라에서는 이 민요가 「즐거운 방랑자」라고 번역되었다.

사랑스럽고 매력적이라고, 홀라히, 홀라호,

일제는 세상에 잘 알려져 있네, 홀라히아호!

그녀는 누구에게나 사랑받는다네,

비록 '승마 바지*Breeches'를 입고 있어도…….

  마지막 소절은 신부가 보통 이상으로 자아의식이 강하며, 결혼해 살면서 자기주장을 관철하리라는 점을 암시했을는지도 모르겠다. 이러한 성품은 신랑감의 몇몇 절친한 친구들과 가족들에게 눈썹을 치켜뜰 정도[41]로 회의를 품게 했을지 모르겠다. 어쨌거나 'Breeches', 영어로 승마 바지, 즉 '바지'를 입은 유태인이 아닌 신붓감은 아마도 프랑켄슈타인 가문에서 전폭적인 호감을 얻지는 못했던 듯싶다. 어쩌면 그 같은 사실은 신랑 측의 몇몇 친척들이 시위하여 결혼식에 참석하지 않은 이유였는지도 모른다. 이러한 상황을 청첩 신문은 반은 애석해하면서도 반은 조롱조로 주석을 달고 있다.

  프랑켄슈타인 가문 만세!

아버님 마이어Meyer 씨, 어머님 이다Ida 씨께

안 오셨기에, 우리의 인사를 보냅니다.

에른스트Ernst 박사님과 프리츠Fritz는 어디에 계시는지요?

그 두 분이 오신다고요? 농담이겠지요.

누이들 트루데Trude, 에르나Erna, 마르타Martha, 롯테Lotte

그분들도 오시지 않았네! 아이코 어쩌나, 아이코 어쩌나(……).

---

41. 어처구니가 없거나 난감한 입장에 처해 주로 부정적인 의견을 말없이 표현할 때 쓰는 제스처.

축하 잔속에 이러한 씁쓸함이 섞여 있었다 하더라도 분명 아주 세련되고 우아한 피로연이었을 것이다. 카를 프랑켄슈타인과 일제의 결혼식은 1928년 3월 17일 쾰른에서 성대히 치러졌다. 청첩 신문은 일제가 임신했기 때문에 그 둘이 "결혼해야만 한다"는 사실을 요령 있게 회피했다.

37세의 신랑 카를 프랑켄슈타인은 유능한 사업가였고, 쾰른에서 번창하는 신발 공장의 소유주였으며, 유태인 태생이었다. 그는 잘생겼고, 운동을 좋아했으며, 취미로 사냥을 몹시 즐겼다. 1차 대전 당시 그는 하사관으로 복무했었다. 그는 젊은 나이에 부지런히 일해서 상당한 재산을 모았다. 남성 하객들 중 몇몇은 15세나 연하의 신부를 맞는 그를 몹시 부러워했을 것이다.

일제 모직Mosig은 드레스덴 출신으로 신교도의 부유한 가정에서 유복하게 자란 처녀였다. 그녀의 부모는 자이츠Zeitz에서 신문사를 소유하고 있었다. 뛰어난 미모를 지녔고, 흥겹고, 사교적이며, 변덕스러웠던 그녀는 어떤 모임에서든 각광받고 주목을 끄는 인물이고자 했다.

바로 이 여인이 남편에게 재앙이 될 줄을-단 한 번 수화기를 집어 들어 남편을 죽음으로 몰아넣으리라고는-그 흥겨운 피로연에 참석했던 하객들 중 어느 누구도 예측할 수 없었다.

카를 프랑켄슈타인은 늘 농담 삼아 스스로를 "유서 깊은 유태 귀족 프랑켄슈타인 가문"[42] 출신이라고 했다. 그는 1891년 3월 13일에 하르츠Harz 지방 노르트하임Northeim에서 태어났다.

부친 마이어 프랑켄슈타인은 그곳에서 규모가 크고 장사가 잘되는

---

42. 12세기~13세기경부터 존재한 독일의 유래 깊고 유명한 귀족 집안을 빗대어 농담 삼아 칭한 듯하다.

카를 프랑켄슈타인과 일제 프랑켄슈타인, 처녀명 모직(Mosig).

고깃간을 운영했다. 카를에게는 형제자매가 13명이나 있었다. 그중 몇 형제는 후일 남아프리카공화국으로 이민 갔다. 한 형제 에른스트 프랑켄슈타인 박사는 요하네스버그Johanesburg에서 의사였고, 또 다른 형제도 역시 요하네스버그에서 바늘에서부터 고급 리무진에 이르기까지 온갖 물건을 살 수 있는 백화점을 소유하고 있었다.

카를 프랑켄슈타인은 금융계와 곡물거래사업에서 경험을 쌓았다. 1920년대 어느 때인가 그는 노르트하임을 떠나 쾰른으로 이주하여 개인 사업을 시작했다. 사촌 파울 프랑켄슈타인Paul Frankenstein과 함께 쾰른-니페스Nippes 구역 메어하이머가Mehrheimerstraße, 빈첸츠Vinzenz 병원 옆에 신발 공장 'P. & C. 프랑켄슈타인'을 세웠다. 그 공장의 인기 상품은 '레누스Rhenus'-라틴어로 '라인Rhein'이라는 명칭의 비싼 고급 구두였다.

프랑켄슈타인 가문 사람들은 신발 제작에 관심이 많았던 것 같다. 부르샤이트Burscheid에서 또 다른 친척, 파울과 카를의 작은할아버지 루이스 프랑켄슈타인Louis Frankenstein도 신발 공장을 운영하였는데, 라인 강이 교차하는 상징으로 십자가 모양을 한 '라인 교차점Rheinkreuz'이라는 상표를 사용했다.

1928년 3월 결혼식 직후 카를과 일제 프랑켄슈타인은 쾰른-브라운스펠트Braunsfeld 구역의 비트하제가Wiethasestraße에 있는 아름다운 저택으로 이사했다. 같은 해 11월에 아들이 태어났고, 신교로 세례를 받았다. 카를 프랑켄슈타인의 유태교는 그 가족 간에 별로 중요시되지 않았다.

그 젊은 부부는 평온하고, 걱정 없고, 풍요로운 나날을 즐겼다. 파티를 열었고, 연주회와 연극을 보러 다녔으며, 트라베뮌데Travemünde나 몬테 카를로Monte Carlo로 여행을 다녔다. 어린 아들은 보모가 보살폈다.

카를 프랑켄슈타인은 취미 생활인 사냥에 상당히 심취하였다. 또한 그는 사교적인 남자로서 유머 감각이 뛰어났고, 엽기적인 착상을 구현하는 걸 좋아했던 것 같다. 그

쾰른-브라운스펠트 구역, 비트하제가 집 정원에 만들어진 구두 모양의 꽃밭.

래서 신발 공장 소유주였던 그는 비트하제가의 저택 뜰에 끈 매는 여성 구두 모양의 크고 화려한 꽃밭을 만들게 했다. 이 끈 매는 구두 모양의 꽃밭은 이웃 저택에 사는 정육점 주인의 맘에 들지 않았던 까닭에 종종 그의 빈정거림을 들어야 했다. 그럴 때면 카를 프랑켄슈타인은 정육점 주인에게 당신은 꽃밭을 소시지 모양으로 만들라고 되받아쳤다.

나치 집권 이후 카를 프랑켄슈타인은 형제들 몇 명이 남아공화국으로 이민 가는 데 재정적으로 도움을 주었다. 많은 다른 유태인들이 그랬듯이, 그도 그 시점에서 자신의 상황이 아직 그리 심각하지 않다고 생각한 것이 분명하다. 그래서 다른 형제들처럼 이민 갈 생각을 하지 않았던 듯싶다. 대다수의 독일 유태인들처럼 카를 프랑켄슈타인도 나치 정권의 명령에 따라 자신의 독일 정체성을 지워버릴 준비가 되어 있지 않았다. 너무 늦어 때를 놓치게 될 때까지!

1935년 가을 '뉘른베르크 법'[43]이 그 효력을 발생하기 시작했다. 이제 유태인과 독일인 사이에 분리선이 그어지고, 모든 법적 권리는 '인종'에 따라 차별적으로 적용되었다. 이 법은 유태인에 대한 인종차별, 명예훼손, 나중엔 인권 탄압까지도 허용했으며, 국가적 차원에서 유태인들을 처형하기까지 했다. 이 법의 제정은 독일의 유태인들이 해방을 위해 경주해온 100년 동안의 모든 노력이 좌절됨을 뜻했으며, 그때부터 사람들은 독일인과 유태인 간 공동사회의 종말이 바싹 다가온 것을 감지하기 시작했다. 그럼에도 불구하고 대다수의 독일 유태인들이 더 이상 희망을 가질 수 없다고 인식하기까지, 즉 1938년 11월의 포그롬 사건이 일

43. Nürnberger Gesetze 또는 아리아 법안: 1935년 9월 15일에 독일인의 피와 명예를 보호한다는 명분을 내세웠지만 사실은 유태인을 차별, 학대하기 위해 제정된 법안이다.

어날 때까지는 시간이 걸렸다. 유태인들이 고향 독일에, 조국 독일에 더 이상 소속될 수 없음을 여실히 깨닫게 되기까지는 먼저 몸소 생명의 위협을 받는 경험을 대가로 치러야 했다.

카를과 일제 프랑켄슈타인은 초기엔 정치적 상황의 심각성을 제대로 인식하지 못하여 인종 간의 차별을 현실로 받아들이지 못했고, 오히려 개인적인 문제에 몰두해 있었다. 이미 결혼한 지 얼마 안 지나서부터 그들은 또 각자의 삶을 살다시피 했으므로 결혼 생활이 위기에 처하기 시작했다. 이 부부의 상당한 나이 차이가 서로 멀어지게 된 동기였는지, 아니면 어떤 다른 심각한 이유가 있었는지 아들조차 오늘날까지 알지 못한다.

유태인에 대한 권리 박탈과 차별이 점점 심해지자 반려자인 카를 프랑켄슈타인은 자신이 유태인이란 사실이 점점 짐이 되고 부담이 된다고 느꼈을지 모른다. 불안, 불확실성, 사회적 고립은 이 부부에게 심한 압박을 가했을지 모른다.

어쨌든, 일제 프랑켄슈타인은 바람을 피우기 시작했다. 그녀는 대규모 가축거래사업을 하는 페터젠Petersen이란 자와 불륜 관계에 빠졌다. 그녀가 페터젠의 아이를 갖게 되자, '비非아리아족' 배우자와의 혼인 관계를 취소하는 신청을 했다. 1938년 나치의 새로운 혼인법에 입각해서 그녀는 혼인 취소 신청을 할 수 있었다. 즉, '뉘른베르크 법'이 발효된 이후부터 '유태인 문제'에 대해 새로운 법해석이 적용되었고, 일제 프랑켄슈타인은 '유태인과의 혼인' 전에 지금과 같은 법해석을 하였더라면 절대 그 혼인을 하지 않았을 것이라는 주장을 함으로써 혼인 취소가 가능했다. '인종적으로 가치 없는 혼인'이 취소된 지 반 년 안에 일제 프랑켄슈타인은 가축거래업자 페터젠과 결혼했다.

이러한 혼인법은 카를 프랑켄슈타인에게는 파국을 안겨주었다. 혼인 취소로 그가 감정상으로 상처받은 것은 말할 필요도 없거니와 그것은 아직 어느 정도까지 유태인 배우자를 보호해주었던 '섞인 혼인의 특전' 마저도 상실되었음을 의미했다.

아내와 헤어진 후 카를 프랑켄슈타인은 재정적으로도 곤궁에 처했다. 그는 자신의 사업체 지분을 동업자인 사촌 파울에게 넘기고 새 출발을 시도했다. 그는 곧 쾰른 도심, 리히모디스가Richmodisstraße에 신발 도매상을 열었으나 얼마 안 가서 '아리아화化'라는 명분하에 행해진 유태인 박해에 못 이겨 또다시 문을 닫아야 했다.

1940년 6월 그는 쾰른-바이덴페쉬Weidenpesch 구역 노이서 국도 Neusser Landstraße에 자리 잡고 있는 글란츠스토프-쿠르톨즈Glanzstoff-Courtaulds[44] 화학 공장에서 강제노동을 해야 했다. 강제노동자들은 거의 참기 힘든 조건하에서 일을 해야 했고 바라크에 수감되어 감시당했다. 카를 프랑켄슈타인은 호이셴벡에 있는 한 작은 집에 숙소를 배당받았다. 화학자재를 다루어야 하는 노동으로 인해 그는 눈에 문제가 생겼고 결국 일부 시력을 상실했다.

이 시기에 목숨을 건지려면 독일 땅을 떠나야 한다는 사실이 그에게도 명약관화明若觀火해졌다.

유태인에 대한 권리 박탈과 학대는 점점 심해졌다. 1939년 9월부터 전쟁이 시작되었다. 게다가 위로할 길 없는 비참한 개인적 상황까지 겹쳤다. 아내가 그를 떠나 다른 남자에게로 갔으며, 끔찍이 사랑하는 아

---

44. 1925년에 이미 존재하던 독일의 화학섬유 제조기업 글란츠슈토프(*반짝이는 재료 또는 반지르르한 천이라는 뜻)와 대영제국의 쿠르톨즈 기업이 합병하여 쾰른 북부에 세운 인조견사 공장으로 나치 시절 유태인과 강제노동자를 작업에 투입했다. 특히 강제노동에 투입되었던 유태인들(250명 이상)은 1942년 7월에 민스크로 강제 이주되었다.

들을 만나는 횟수도 점점 줄어들었다. 그러다 일제 프랑켄슈타인이 옛 남편과 아들이 만나는 것을 고의적으로 방해하는 바람에 끝내는 아들을 전혀 만날 수 없게 되었다.

이미 1941년 5월부터 이민이 매우 힘들어졌고, 아주 예외적인 경우에만 이민이 허락된다는 사실을 알게 된 카를 프랑켄슈타인은 마음속으로 점점 떠날 결심을 굳혀 갔다. 1941년 가을 그는 '제1도 혼혈아' 또는 '혼혈 유태인'으로 위험에 처한 12살짜리 아들을 데리고

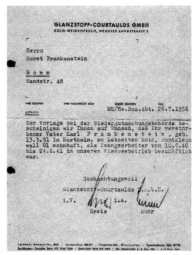

'변상당국'에 제출할 강제노동을 한 것에 대한 증빙 서류로서, 1956년 7월 26일에 화학기업 글란츠슈토프-쿠르톨즈(Glanzstoff-Courtaulds)가 카를 프랑켄슈타인의 아들에게 발급했음.

스위스로 도주할 결심을 하기에 이르렀다. 그에게 도주에 필요한 자금과 서류가 있었는지, 그것들을 어떻게 조달했는지는 도무지 알 수 없다.

그러나 이 계획을 실행하기 전에, 그의 운명을 결정짓는 장면이 벌어진다. 그 장면이 벌어진 장소는 일제 프랑켄슈타인이 남편과 이혼 후에 살고 있던 쾰른-쥘츠Sülz 구역 라우머가Raumerstraße의 집에서였다. 카를 프랑켄슈타인이 스위스로 도주하기 위해 아들을 데리러 그 집을 찾아갔다. 그러나 아들은 그 집에 없었다. 일제는 카를이 아들을 데리고 가지 못하게끔 어딘가에 숨겼다. 바야흐로 언쟁이 시작되었고, 카를 프랑켄슈타인은 점점 궁지에 몰리자 자제하지 못하고 이혼한 아내에게 언성을 높였다. 상황은 점점 심각해졌다. 쌍방 간에 악을 쓰면서 언쟁이 극단으로 치닫자, 일제 프랑켄슈타인은 방을 뛰쳐나가 밖에서 문을 닫아

잠가버렸다.

카를 프랑켄슈타인은 덫에 걸린 꼴이 되었다. 바깥 복도에서 일제 페터젠Petersen은 수화기를 집어 들고 비밀경찰에 전화를 걸었다. 비밀경찰은 불과 몇 분 만에 들이닥쳐 카를 프랑켄슈타인을 즉시 체포했다.

그는 쾰른-도이츠Deutz 구역에 있는 전시장으로 끌려갔다. 바로 그곳에서 쾰른의 유태인들은 포로수용소로 보내졌다. 그는 1941년 10월 22일 약 2,000명에 이르는 쾰른의 유태인들과 함께 다음 이송 열차를 타고 게토 리츠만슈타트 로취Litzmannstadt Lodz로 강제 이송되었다.

카를 프랑켄슈타인이 그곳에 도착해서 어떤 수난을 겪었는지는 '보안경찰 중대장이자 관할 구역 사령관 대리'가 게토 리츠만슈타트에 유태인 20,000명과 집시 5,000명을 할당받았을 당시에 작성한 '체험 보고서'를 통해 알 수 있다.

유태인들은 거의 예외 없이 잘 차려입고 있었다. 그들은 평균 1인당 50kg의 짐을 지니고 있었다. 유태인들의 직업에 대해서는 관할 구역 사령관에게 알려진 바가 없다. 신상 서류와 이송 요금(1인당 100RM)은 강제 이송 담당 장교를 거쳐 리츠만슈타트의 비밀경찰관에게 넘겨졌다(푹스Fuchs 경감).

이송 열차 총 6칸에서 내린 유태인들은 모두 한 대대를 이루었고, 보안경찰관 2명이 그들을 게토의 대문까지 데려갔다(……).

게토 안의 상황은 비참했다. 오래전부터 수감되어 이미 끔찍한 고통을 치른 폴란드 유태인들과 새로이 막 도착한 서구 유태인들 사이에 특히 갈등이 심했다. 소위 '신참'들은 짐이 가득 든 가방을 갖고 왔기 때문에 이미 완전히 빈곤해지고 거의 아사지경에 이른 고참 게토 주민들 눈에는 부유하게 보였기 때문이었다. 실은 그 새로 도착한 유태인들도 이미 고향에서 그들의 전 재산을 강탈당했다.

1941년에서 1942년 사이의 겨울은 예상 외로 혹독했다. 로취Lodz에서 카를 프랑켄슈타인은 제일 친한 친구에게 딱 한 장의 엽서를 보냈다. 그 엽서에는 너무 추워서 자기의 겨울 외투를 판 것을 후회한다는 내용이 들어 있었다. 더군다나 속주머니에 아들의 사진을 꿰매어 넣은 외투였으니 말이다. 따뜻한 속바지 한 벌쯤이 요긴하다라고 썼다.

그 편지가 마지막 소식이었다. 카를 프랑켄슈타인은 로취에서 사망했다. 자세한 사망 원인은 알려진 바 없다. 단지 1941년 12월 20일에 사망한 것으로 기록되어 있다.

가축거래사업가 페터젠과도 곧바로 또 이혼하고, 세 번째로 다시 결혼했던 일제 페터젠-프랑켄슈타인이 1986년에 사망할 때까지 어떻게 자신의 행적을 마음속에 간직한 채 살았을지는 추측하기 힘들다. 양심의 가책으로 괴로워하지는 않았던 듯싶다. 가족 간에 그녀는 첫 남편인 프랑켄슈타인에 대한 배신 사건을 단 한 번도 언급한 적이 없었다.

그녀는 계부의 성 '페터젠'을 사용해야 했던 아들을 타우누스Taunus 지방의 크론베르크Kronberg에 있는 기숙학교로 보냈다. 그곳에서 그 아들은 '유태 혼혈'임을 비밀로 지킬 수 있었다.

밀고는 자주 '전형적인 여성의 범행'으로 간주된다. 아마 그 특별한 연관성은 바로 소음 없는 '깨끗한' 배신이 문제이기 때문일지 모르겠다. 밀고자의 손엔 피가 묻지 않는다. 전혀 다른 어디선가 그 피는 흐른다. 그럼에도 불구하고 '프랑켄슈타인의 경우'는 아주 특별한 경우이다. 한 여인이 전 남편을, 그것도 자기 아이의 아버지를 비밀경찰에게 넘겼다는 사실은 제3제국 시대에도 희귀한 경우이다.

밀고를 고무하고 개인적, 가정적 갈등을 국가 권력의 도움으로 해결하는 것을 허락한 정치 구조 속에서 일제 프랑켄슈타인은 살았다. 그녀는 국가의 권력을 자신의 개인적 목적 성취에 이용했다. 그 과정에서 그것이 법치국가의 수단이나 방법이 아니었다는 사실을 그녀도 물론 알고 있었으리라고 추측해도 무방할 것이다.

카를 프랑켄슈타인의 경우는 아마도 특별히 비극적인 사례에 속하리라. 왜냐하면 그가 적이나 반대자나 또는 유태인 차별주의에 빠진 맹신자에 의해서가 아니라, 그가 사랑했던 여인에 의해 확실한 죽음의 길로 보내졌기 때문이다.

"어디로
가세요,
아빠?"

니콜라우스 그로스(Nikolaus Groß, 1898~1945)

편집장은 놀라움을 감출 수가 없었다. 그의 책상 위에는 새로 선출된 프로이센Preußen 국회의원의 이력서가 놓여 있었다. 그가 게재하고자 하는 이 인물의 경력은 실로 놀라움을 금할 수 없게 했다.

현재 39세의 이 남자는 1차 대전 때 제1 오버엘자스Oberelsass의 보병연대의 사관후보생으로 참전했었고, 러시아의 포로가 되었다. 러시아에서 그는 마르크스주의에 집중적으로 몰두했고, 1917년 10월 혁명 당시 볼셰비즘에 합류했으며, 심지어 '수용소 감독관'으로까지 경력을 쌓았다. 그는 다시 독일로 돌아와서 법학을 전공했고, 카셀Kassel에서 변호사가 되었으며, 시의회 의원과 헤센-나사우 지방의회의 의원이 되었다. 1925년에 NSDAP의 당원이 되었고, 법적으로 처벌받아야 할 정도로 문제가 된 나치들을 법정에서 방어하는 데 상당한 기여를 함으로써 빠르게 경력을 쌓을 수 있었다. 그래서 그는 헤센-나사우의 NSDAP의 대관구 지도관 대리까지 승진하게 되었다.

편집장은 이 인물의 대단한 정치적 유연성과 기회주의적 능력에 대해 경악을 금치 못하였다. 그래서 1932년 여름, 그는 책상 앞에 앉아 냉소를 머금은 채 서방 노동자신문에 그 기회주의자에 대해 한 평론을 썼다. 그 기회주의자에 관하여 다음과 같은 내용이 들어 있다.

> (……) 그에게 최대의 희망을 걸 수 있겠다. 마르크스주의자, 공산주의자, 노벰버링Novemberling[45], 독일 자유운동의 일원, 마르크스주의 반대자, 나치. 그 밖에 그는 또 뭐가 될 것인가? (……)

12년 후 그 편집장은 더 이상 이 질문을 할 필요가 없게 되었다. 두 사람은 서로 얼굴을 마주하고 직접 눈으로 상대방을 살필 수 있는 상황에 이르렀기 때문이다. 그들은 전에 한 번도 서로 만난 적이 없었지만, 서로 어떤 관계인지는 알고 있었다.

새빨간 법복을 걸쳐 입고 법각모를 쓰고 있는 한 남자는 때로는 재판관석에 앉아 있기도 하고, 때로는 벌떡 일어서기도 하고, 때로는 화난 얼굴이 벌겋게 달아오르기도 하고, 때로는 눈빛이 증오로 가득 차 있고, 때로는 욕설을 마구 퍼붓는데, 그때는 하도 언성을 높여 쉰 소리가 날 지경이었다. 그러면 그럴수록 상대방은 점점 더 침착해졌다. 소박한 검은 양복 차림의 상대방은 철모를 쓴 헌병들의 엄호를 받으며 의자 뒤에 꼿꼿이 서서 시선의 동요 없이 앞을 똑바로 바라보고 있었다. 단지 양손으로 의자 등걸이를 꼭 붙잡고 있었다.

1945년 1월에 쾰른의 저널리스트이자 노동 지도자였던 니콜라우스 그로스는 당시 최고로 악명 높은 법관 앞에 그렇게 서 있었다. 베를린

---

45. 1918년 11월의 독일혁명 추종자.

의 국민재판소 대법관 롤란트 프라이슬러Roland Freisler 앞에 말이다. 악에 받쳐 고함치는 것으로 소문난 프라이슬러는 점점 흥분해서 소리 지르기 시작했다. 결국 공판을 끝내면서 여전히 악을 쓰고 소리를 지르며, 자신의 조서에 기입한 마지막 메모를 방청객에게 떠벌렸다.

"그는 배반 속에서 함께 헤엄쳤으므로, 역시 그 배반 속에서 익
사해야 한다(……)."

피고인 니콜라우스 그로스의 '배반'은 나치에 대해 굽힐 줄 모르는 반대, 흔들리지 않는 신앙, 진실하거나 옳다고 믿는 일에 떳떳이 참여하는 자세를 의미했다. 그 배반은 또한 원칙에 충실하고자 하는 그의 정치적 행위였다.

"만일 오늘 우리가 목숨을
무릅쓰지 않는다면, 어떻게 우
리가 하나님과 우리 민족 앞
에 나설 수 있단 말인가?"

그로스는 1944년 7월 20일에
계획된 히틀러 암살 직전 그렇게
말했다. 함께 공모한 동료들이 신
학윤리상 폭군 살해를 유보하려
는 뜻을 표방했을 때였다. 공소
장에는 "괴르델러Goerdeler[46]의 모

국민재판소 대법관 앞에 선 니콜라우스 그로스.

반에 가담"과 "저항세력 내에서 벌어진 토론회에 참석"을 죄목으로 들고 있었다.

그로스가 새빨간 법복을 입은 악마의 앞에 섰을 때는 이미 그가 몇 개월간 심한 고문에 시달린 후였다. 처음에 그는 라벤스브뤼크Ravensbrück 포로수용소의 분견소가 있는 퓌르스텐베르크-드뢰겐Fürstenberg-Drögen으로 보내져 그곳에서 학대받고 고문에 시달렸다. 그런 다음 재판이 열리기까지 베를린-테겔Tegel 구역에 있는 감옥에 수감되었다. 니콜라우스 그로스는 1944년 8월 12일 쾰른에 있는 자신의 집에서 세 명의 자녀가 지켜보는 가운데 비밀경찰 두 명에 의해 체포되어 끌려갔다. 당시 그의 아내는 집에 없었다. 그는 그저 겨우 아이들과 짧게 작별 인사를 나눌 수밖에 없었다. 네 살배기 막내딸 레니Leni가 겁에 질려 소리쳤다.

"어디로 가세요, 아빠?"
"잘들 지내거라. 언제 돌아올 수 있을지 나도 아직은 모르겠다."

이렇게 대답하면서도 혹시 그는 다시는 돌아오지 못하리란 사실을 알고 있었을는지도 모른다. 어쩌면 그는 그 순간 이미 2년 전에 친구 베른하르트 레터하우스Bernhard Letterhaus와 나누었던 저항의 위험성에 대한 토론을 상기했는지도 모른다. 1942년 4월에 그로스는 그 토론에 대해 일기장에 다음과 같이 적고 있다.

---

46. 1884~1945: 1944년 7월의 히틀러 암살 음모의 주동자들 중 한 인물.

레터하우스는 "교수형이 집행되어 숨이 끊어질 때까지는 11초밖에 안 걸려, 니켈Nikel. 그러면 형리는 명령을 수행하고도 남지. 그것이 저항의 한 측면이라네"라고 말했다.

그래서 나는 대답했다.

"맞는 말이네. 하지만 그 측면은 그리 중요하지 않네. 그 다른 측면이 훨씬 중요하지(……)."

이 "다른 측면"이란 '나치에 대한 저항'과 '신앙의 옹호'를 의미했다. 니콜라우스 그로스의 삶에 있어서 이 다른 측면이 항상 더 중요했다. 그는 자신의 눈앞에서 인간 멸시, 증오, 범죄 등이 자행되는 것을 두고 보지 못하는 양심의 소유자였으며, 나치의 이념이 기독교 신앙과 타협할 수 없음을 일찍이 간파한 예리한 판단력의 소유자이기도 했다. 무엇이 옳고 무엇이 그른지에 대해 판단할 수 있는 뛰어난 감수성은 아마도 요람에서부터 시작된 듯싶다.

니콜라우스 그로스는 1898년 9월 30일 에센Essen 근교 니더베니게른Niederwenigern에서 광부의 아들로 태어났다. 그는 19세기 말의 루르Ruhr 지방의 전형적인 노동자 계급 가정의 자녀였다. 니켈이라는 애칭으로 불렸던 젊은 니콜라우스는 8년간의 초등학교를 마치고 탄광에서 석탄 캐는 광부로 일하면서 힘겨운 노동자의 삶을 체험했다. 그곳에서 얻은 경험 덕분에 그는 노동자들에게 좀 더 나은 삶의 여건을 마련해주고자 하는 생각을 품게 되었다.

그는 조금 더 수준 높은 교육을 받기 위해 얼마 안 되는 시간을 쪼개서 '구교 독일을 위한 국민협회Volksverein für das katholische Deutschland'

에서 여는 강좌와 기독교 탄광 노동자 조합에서 실시하는 야간 강좌도 들었다. 1918년 그는 중앙당[47]에 입당했고, 일 년 후에 '구교 안토니우스 Antonius 광부와 노동자 조합'에 가입했다. 이와 같은 참여로써 그는 구교 노동운동에서 튼튼한 교두보를 확보했다. 그는 다음과 같이 소신을 밝히고 있다.

"나의 목표는 새로운 사회를 이끌어갈 새로운 유형의 노동자층을 건설하는 것이다."

이 목표에 달성하기 위해 그는 부지런함과 끈기로 정진했다.

1927년에 그는 서방독일 노동자신문의 편집장이 되었다. 묀헨글라트바하Mönchengladbach에 있는 구교 노동자운동(Katholische Arbeiterbewegung, 약자로 KAB) 조합이 발행한 이 신문은 발행 부수가 170,000부에 이를 정도로 많이 읽히는 신문이었다. 그 조합본부가 쾰른으로 옮겨 가자, 1923년 엘리자베트Elisabeth와 결혼한 그로스 역시 대성당의 도시로 이주했다. 그곳에서 식구가 급속히 늘어난 이 가족은 라이터가Reiterstraße 6번지[48]로 이사했다. 그 집은 KAB 조합본부가 들어 있는 케텔레르트-하우스Kettelerd-Haus의 뒤쪽 건물에 자리 잡고 있었다.

그로스 부부의 일곱 자녀 중 다섯 번째로 태어난 알렉산더 그로스 Alexander Groß는 오늘날 이 집에서 살았던 어린 시절을 기억하면서 즉흥적으로 이렇게 말했다.

47. 옛 독일의 가톨릭당.
48. 그를 기리기 위해 지금은 니콜라우스-그로스가로 개명되었음.

"저는 가난했지만 행복한 가정에서 자랐습니다."

아홉 식구는 아버지가 KAB의 편집장으로 버는 얼마 안 되는 월급으로 근근이 생계를 꾸려나가야 했다. 넉넉지 못한 살림에도 불구하고 아이들은 집안 사정을 이해하고 불평하지 않았다. 방학 때 휴가여행은 식구가 많은 이 가족으로선 당연히 꿈도 꿀 수 없었다. 그렇지만 일 년에 한 번은

약혼 당시의 니콜라우스 그로스와 엘리자베트 그로스.

가족 전통으로 소풍을 갔었다. KAB가 빌려준 자동차를 타고 목적지가 없는 듯 훌쩍 떠나곤 했다. 마치 국가 비밀이라도 되는 양 아이들한테 숨겼던 목적지들은 예를 들어 뮝스텐Müngsten 다리 , 붑퍼Wupper 강변의 성, 알텐베르크Altenberg 대성당, 라이히링엔Leichlingen의 꽃구경 등이었다.

니콜라우스 그로스는 자상한 아버지였고, 동시에 좀 거리감을 느끼게 하는 존경의 대상이었다. 이러한 상황을 일곱 자녀들은 어린아이다운 천진함으로 받아들였던 것 같다. 자녀들은 잠자리에 들기 전에 모두 한동아리로 모여 아버지께 책을 읽어달라고 했다. 그럼으로써 아버지가 7번씩이나 서재를 나왔다 들어갔다 하는 번거로움을 덜어드렸다.

알렉산더 그로스는 따뜻하고 화목한 집안 분위기를 고마운 마음으

로 기억한다. 강림절[49]과 성탄절 때 성가를 합창했던 기억, 함께 시를 낭독했던 기억, 잠긴 서재 문 뒤에서 아버지께서 손수 크리스마스 선물을 만드셨을 때 망치 두들기는 소리를 들었던 기억 등이다. 알렉산더 그로스는 성당의 중요한 축일과 아이들의 성명 축일을 지킬 정도로 단단한 가톨릭 교육을 받았다고 말한다. 깊은 신앙과 기쁨에 찬 경건성이 라인Rhein 지방의 자유성과 잘 어우러졌다고 말할 수 있겠다.

"예를 들어 당시 가정에서 예사로 행해지던 일정의 서적 금지조차 없었으며, 심지어 기독교를 비판하는 서적도 읽고 서로 토론하는 분위기의 가정에서 저는 성장했습니다."

그렇게 알렉산더 그로스는 기억한다.

그 당시 어린 알렉산더는 대성당 소년합창단에 가입했다. 그 이유는 그가 뛰어나게 아름다운 목소리를 지녔기 때문만이 아니라 대성당 합창단 소년들은 잦은 합창 연습을 이유로 히틀러 청소년단Hitler Jugend[50] 입단 의무로부터 제외될 수 있었기 때문이었다. 이 같은 태도에서 자녀들은 부모님이 나치 정권에 반대한다는 사실을 초기에 어렴풋이 느꼈으나 차츰 "뭔가 이상하다"는 징표가 늘어났다. 때때로 남자 여러 명이 찾아와 아버지를 데리고 서재로 들어가곤 했다. 엄마와 아이들은 겁에 질려 식당에 모여 있었다. 그자들은 비밀경찰이었다.

나치에 반대하는 니콜라우스 그로스의 입장은 이미 히틀러의 집권

---

49. 크리스마스 전의 4주간.
50. 나치가 미래의 NSDAP 당원을 육성하기 위해 긴립한 청소년 조직으로 독일 청소년의 98%(약 870만 명)가 단원이었다.

전에 확고했었다. 그래서 그는 1932년에 서방독일 노동자신문에 이미 '암흑으로 가는 길'이란 제목의 기사를 쓴 적이 있었다.

히틀러는 무소불위의 전권을 갖고자 한다. 그는 헌법을 지키지 아니하고 자기 마음대로 하고자 하며, 다음 새 선거 때에도 그의 통치에 대해 추궁당하지 않고자 한다. 말하자면, 히틀러는 독재정권 자체를 요구한다.

1933년 1월 30일 직후 그는 한마디로 농축해서 적고 있다.

"나치즘은 기독교의 기본적인 정신과 극명하게 대조된다."

이 깨달음으로부터 국가에 대한 관념에 있어서 그는 교회의 고위 성직자들과는 다른 결론에 이르렀다. 고위 성직자들은 교서에서 또는 설교 모임 시 "적법의 국가권위"를 존중할 것을 종용했다. 1933년 3월 28일자 교서의 한 내용을 보면 다음과 같다.

교회의 음성을 신성하게 여기는 성도들이여, 지금 시점에서 교회는 신도들에게 적법의 정부에 신뢰를 가져야 한다고 특별히 경고할 필요가 없다고 생각하며, 따라서 정권을 무너뜨리고자 하는 태도를 거부하면서 국민의 의무를 성실히 이행하길 바란다.

가톨릭 성직자들이 "지도자이자 수상이신 분"을 위해 하나님께 축복을 간구했을 때, 그와 반대로 가톨릭 노동자 운동의 조합원인 그로

스는 나치에 저항할 것을 결심했다. 그 이유를 그는 다음과 같이 쓰고
있다.

하나님과 신앙에 반대되는 그 어떤 행위를 강요당할 경우 우리
는 불복종해도 될 뿐 아니라 나아가 불복종해야만 한다(……).

그는 신도들이 나치 정권과 '조정'하고자 하는 노력, 예를 들어 1933
년 국가와 교회 간의 조약이 아무 소용이 없다는 사실을 직시했다. '종
파의 자유'에 대한 조약의 제1조가 얼마나 무용지물인지를 가톨릭 신
자인 니콜라우스 그로스는 쉽게 감지했음이 틀림없다.

새 정권은 서방독일 노동자신문과 비판적인 입장을 고수하는 편집
장이 그들에게 위험이 될 수 있음을 즉시 간파했다. 새 정권은 신속히
반응을 보였다. 국회의사당 방화사건 이후 그 신문은 나치들이 방화를
조작했을 가능성을 암시했기 때문에 즉시 3주간 출간 금지를 당했다.
그 후로부터 그로스는 요령 있게 '행간'에 넌지시 경고를 숨겨 넣었다.
새 권력자들이 유태인들을 중상모략하기 시작하자, 그는 의견을 직설
적으로 표명하지 않은 채 1차 대전에서 전사한 유태인 전방 군인들의
엄청난 숫자[51]를 보도했다. 한동안 이런 방식으로 피해가며 보도하는
것이 가능했다. 그러나 그로스는 그것도 단지 시간문제란 사실을 잘 알
고 있었다. 예측한 대로 나치들은 1938년에 그 신문의 출간을 전면 금
지했다.

그로스는 가톨릭 저항 조직 '쾰른 동아리Köln Kreis에 가담했다.

---

51. 1차 대전에 참전한 유태인 수는 약 100,000명이며, 12,000명이 전사했고 생존 병사의
    30%가 무공훈장을 받았다

그 조직은 히틀러의 독재정권이 무너진 후의 새로운 사회질서에 대해 토론하는 비밀 모임이었다. 이 모임의 구성원들 중에는 오토 뮐러 Otto Müller(1870~1944, 신부)와 그로스의 친구 베른하르트 레터하우스(1894~1944)도 있었다. 이 조직은 라이프치히Leipzig의 전직 시장이었던 카를 프리드리히 괴르델러Carl Friedrich Goerdeler(1884~1945)를 중심으로 조직된 베를린의 저항 조직과 접촉하고 있었다. 괴르델러는 히틀러의 죽음을 찬성했을 뿐 아니라 그를 위해 구체적인 계획을 도모하고 있었다. 히틀러 정권을 무너뜨릴 경우에 쾰른의 조직은 라인 지역의 가톨릭 영향권의 인물 상당수를 새 국가 지도층에 자리 잡게 할 참이었다. 바로 이 저항 조직에 니콜라우스 그로스도 참여했다. 그는 여러 지하조직들의 조직망을 연결하는 데 도움을 주었고, 우편 임무를 맡았으며, 몰트케Moltke 백작(1907~1945), 육군대령 폰 슈타우펜베르크von Stauffenberg 백작(1907~1944), 루트비히 베크Ludwig Beck 장군(1880~1944) 등을 중심으로 한 히틀러를 반대하는 군부세력으로 조직된 '크라이스아우어 동아리Kreisauer Kreis'와 접촉을 도모했다. 7월 20일로 정해진 히틀러 암살 계획에 니콜라우스 그로스는 직접 가담하지 않았다. 그는 주로 나치 정권 붕괴 후의 국가 재건설에 대한 구상에 경주했다.

그는 1944년 7월 20일에 히틀러 암살 음모가 실패했다는 라디오 보도를 전해 들었다.

"이제 모두 글렀어. 이제 더 이상 아무도 그에게 접근할 수 없어……"

그 순간 백지장처럼 창백해진 그로스의 발언을 후일 그의 아내 엘리자베트는 기억했다.

3주 후에 그는 KAB의 지도 인물이었던 친구 베른하르트 레터하우스가 체포되었다는 사실을 알게 되었다. 그로스는 아무것도 모르고 있던 레터하우스의 아내에게 이 정보를 알려주고 위로와 용기의 말을 전하고자 했다. 그러나 1944년 8월 11일 훈스뤽Hunsrück에 사는 레터하우스 부인을 방문한 사건이 그에게는 비운이 되고 말았다. 왜냐하면 비밀경찰이 그를 미행했기 때문이었다. 어쨌든 그는 쾰른에 있는 자신의 집에서 체포되었다.

아버지 그로스가 체포되어 있는 동안 교회의 고위 성직자들이 취한 태도에 대해 아들 알렉산더 그로스는 오늘날까지 분노하고 불쾌해하면서 다음과 같이 쓰고 있다.

아버지께서 5개월간 체포되어 있는 동안 주교나 보좌 신부조차 감방에 계신 아버지께 단 한 번도 그 어떤 메시지를 보내지 않았다. 신의 가호를 비는 인사나 인간적인 동정 같은 작은 표현이 결코 국가를 배반하는 범죄가 되지 않았을 텐데도 말이다(……).

그뿐만이 아니었다. 마찬가지로 교회의 고위층에서는 그로스 부인조차 전혀 돌보지 않았다. 남편이 사형선고를 받자, 겸손하지만 단호한 여인 엘리자베트 그로스는 교황의 전권대사인 세자레 오르세니고Cesare Orsenigo에게 청원서를 제출하기 위해 즉각 베를린으로 향했다. 그녀는 면접조차 거절당했다. 교황 피우스 12세Pius XII의 전권대사가 정말로 여행 중이었는지 아니면 핑계였는지는 끝내 밝혀지지 않았다. 어쨌든 그의 비서는 엘리자베트 그로스의 청원서 접수를 거부하면서 그 불행한 여인에게 "7월 20일 음모자들을 위해" 전권대사는 "도와줄 게 하나도 없다"고 차갑게 설명했다.

1945년 1월 15일에 니콜라우스 그로스는 마지막으로 롤란트 프라이슬러 앞에 서게 되었다. 대역죄 및 국가반역죄의 명목으로 피고인은 사형선고를 받았다. 6일 후에 그는 아내와 아이들에게 다음과 같은 내용이 들어 있는 마지막 편지를 썼다.

성聖 아그네스 날에 이 편지를 쓰고 있다. 만일 이 편지가 너희들 손에 당도한다면, 하나님께서 나를 부르셨다는 사실을 너희들에게 알릴 것이다.

내 앞에 너희들의 사진이 세워져 있다. 나는 너희들 얼굴 하나하나를 오랫동안 들여다본다. 내가 너희들을 위해 앞으로도 더욱 많은 것을 하려 했는데-하나님께서 달리 계획하셨다. (……) 죽음에 직면하여 내 영혼이 불안에 떨면서 안절부절못한다고 염려들 하지 말거라(……).

1945년 1월 23일, 니콜라우스 그로스는 플뢰첸제Plötzensee에 있는 감옥에서 교수형을 당했고, 시신은 소각되었으며, 그 재는 어딘가에 뿌려졌다. 나치는 그 처형을 한동안 비밀로 했다. 엘리자베트 그로스조차 남편의 운명에 대해 아무것도 모르고 있었다.

1945년 1월 30일, 그 유명한 쾰른의 대주교 프링스는 여러 방면의 압박에 못 이겨 마침내 법무부 장관에게 사형수를 위해 무언가 시도해보기로 결정했다. 그는 터무니없이 빈약한 청원서를 쓰기는 썼다. 그러나 이미 7일 전에 니콜라우스 그로스는 사망했다.

퀼른에 그로스의 사망 소식이 퍼지자, 한스 발크스Hans Valks 신부는 금지에도 불구하고 성 아그네스 성당에서 거행될 추도 예배의 초대장에 다음과 같이 썼다.

"(……) 1월 23일에 야만적 폭력에 의해 생명을 빼앗긴 니콜라우스 그로스를 위하여."

그리고 퀼른에 있는 헤르만 루테Hermann Luthe 인쇄소에서-마찬가지로 금지에도 불구하고-고인을 위한 간결한 추도장[52]이 인쇄되었다.

편집장 니콜라우스 그로스를 경건히 추모하며, 그는 1945년 1월 23일 46세의 나이로 그의 삶을 창조주 손에 되돌려 드렸다.

그 당시 용감했던 인쇄소 주인의 아들은 후일 퀼른의 보좌 주교가 되었고, 그 직책을 내려놓기까지 에센의 주교이기도 했다.

2001년 10월 7일에 교황 요한 폴 2세는 니콜라우스 그로스를 복자위에 올렸다.

니콜라우스 그로스를 기리는 추도장.

---

52. 독일 장례식에서 추도객들이 받는 조그마한 카드로서, 보통 망인의 사진과 그를 기리는 문구, 유가족의 이름, 추도연이 열리는 장소 등의 간단한 정보가 들어 있음.

고인을 둘러싼 이승의 논쟁

제3제국 당시 교회의 역할에 대한 비판적 질문

니콜라우스 그로스의 아들 알렉산더는 원래는 2001년 10월 7일 로마에서 열리는 부친의 시복식에 참석하지 않기로 마음먹었었다. 그는 분개하며 이 예식은 부친을 교회로 수취하여 나치에 동조한 교회의 과오를 왜곡하고, 마치 저항했었던 것처럼 위장하려는 시도에 불과하다고 주장했다. 교회가 기꺼이 저항을 했었다고 오늘날까지도 강변하는 것은 언급할 가치조차도 없다. 알렉산더 그로스는 새 정부를 존중하라는 교회의 공식적인 지시를 거부한, 바로 그러한 태도에서 이 저항 운동가들의 모범적인 측면을 보고 있다.

"저항운동은 교회 고위 성직자들의 축복 없이 행해졌다. 저항의 정신과 실천을 교회는 전혀 이해하지 못했다."

알렉산더 그로스는 그의 저서 『나치즘에 순종하는 교회-불복종하는 기독교인』에서 그렇게 주장했다.

더군다나 그는 그의 부친이 단지 신앙 때문만이 아니라, 정치적 신념 때문에 살해당했다고 주장했다.

교회의 과오와 무능력에 대해 다시금 신랄한 의문을 제기하는 알렉산더 그로스의 태도에 독일 교회는 물론 바티칸까지도 신경이 곤두섰다. 그럼에도 불구하고 알렉산더 그로스는 결국 시복식에 참석하기 위해 로마로 갔다. 그 후에 그는 다음과 같이 썼다.

"수년간 이 과정을 비판적으로 관조했음에도 불구하고 나는 시복식에 대해 놀랍게도 호감을 가질 수 있었다. 부친의 정치적 참여뿐 아니라 저항운동의 공적도 베드로 광장에서 뚜렷이 칭송되었다(……)."

그것은 분명 올바른 방향으로의 첫걸음이었다. 베를린의 슈테르친스키Sterzinsky 추기경의 표명 역시 이 방향으로 향하고 있다. 추기경은 니콜라우스 그로스의 시복식을 나치 독재정권 당시 고위 성직자들이 취했던 태도에 대해 비판적으로 재평가해야 한다는 경고로 해석했다. 그럼으로써 니콜라우스 그로스는 지속적으로 자극의 돌로 머물 수 있을 것이다. 말 그대로 '걸림돌'로 머물 수 있을 것이다. 그리고 토론이 계속되고 남아 있는 질문에 대한 답을 찾아야 할 근거로 머물 수 있을 것이다.

빌헬름가(Wilhelmstraße) 55번지 앞
걸림돌

"쾰른에서는
항상
이방인……"

알베르트 카우프만(Albert Kaufmann, 1901~1944)

산수-이 과목은 언제나 가장 힘들었다.

비례! 분수! 또는 질문이 끔찍이도 장황한 문장으로 되어 있는 과제! 힐데가르트 다우트Hildegard Daut는 도무지 그 불가사의한 숫자의 세계를 한 번도 성공적으로 돌파해본 적이 없었다. 결코 노력이 부족했기 때문은 아니었다. 슈타인베르크가Steinbergerstraße에 있는 초등학교에 다니던 그 여학생은 오후가 되면 매일 집 부엌의 식탁에 앉아 어쩔 줄 몰라 하며 펜대를 잘근잘근 씹고, 때로는 눈물을 주르륵 흘리기도 했다. 물론 곤궁에 처한 그녀를 구해줄 구원자가 나타날 때까지만.

그 구원자는 옆방에 앉아 주로 벨기에 신문을 읽고 있었다. 힐데가르트는 조심스레 방문을 두드리고 매번 같은 문장으로 묻곤 했다.

"알베르트 이모부, 좀 도와주실 수 있으세요?"

그러면 그는 즉시 신문을 내려놓았다.

지금도 힐데가르트 다우트는 알베르트 이모부가 단 한 번도 "시간이 없다"라든가, "나 좀 조용히 내버려다오"와 같은 거절의 말을 한 적이 없으며 항상 도와주었다고 말한다.

계산 천재, 꼼꼼쟁이, '만물박사'인 알베르트 이모부는 힐데가르트가 숙제를 끝내고 곧장 친구들과 쾰른-니페스Nippes 구역에 있는 빌헬름Wilhelm 광장으로 놀러갈 수 있도록 도와주었다.

알베르트 이모부는 단지 산수 문제뿐만 아니라 독일어 문법도 정확하게 봐주었다. 물론 쾰른에서 문장을 문법에 맞게 교정하는 일은 보잘 것없는 성과밖에는 기대할 수 없었다. 예를 들어 힐데가르트가 쾰른의 사투리로 된 문장 "Komm bei mich(나에게 와)"라고 말하면, 알베르트 이모부는 그녀에게 장황하게 설명하면서, "Komm zu mir"가 정확한 문장이라고 교정해주었다.

알베르트 이모부는 지성인이자 '대학을 나온 고상한 신사'였다. 그는 쾰른-니페스 구역의 여성과 결혼하여 '쾰른 가족'의 구성원이 되었지만, 쾰른에서는 늘 낯선 인물이었다. 아내의 친척들은 그를 "쾰른 사람들과는 상당히 다르다"라고 여겼다. 좀 뻣뻣하고, 어설프고, 거만하며, 때로는 냉소적인 사람이라고 생각했다. 쾰른 사람들의 생활방식은 그에게 별로 친근감을 주지 못한 것 같다. 예를 들어 쾰른의 사육제는 먼 아프리카 부족의 예식처럼 그에게는 이국적으로 느껴졌던 것 같다. 그럼에도 불구하고 그는 처조카 힐데가르트 다우트의 기억 속에 지금까지 견고히 한 자리를 차지하고 있다.

힐데가르트 다우트는 니페스 구역에서 성장했다. 그녀의 엄마는 일찍이 미망인이 되었고, 그래서 자녀들을 데리고 다른 두 자매가 살고 있는 빌헬름가 55번지로 이사했다. 알베르트 이모부, 알베르트 카우프만은 엄마의 제부, 즉 그레테 Grete 이모의 남편이었다.

알베르트 카우프만은 1901 년 8월 24일 괴팅겐Göttingen 에서 한 유명한 교수 집안 의 아들로 태어났다. 그의 부친 발터 카우프만Walter Kaufmann 교수는 쾨니히스베르크Königsberg 대학과 브라이스가우Breisgau에 있는 프라이

그레테 카우프만, 딸 레나테Renate와 조카딸 힐데가르트.

부르크Freiburg 대학에서 물리학을 강의했다. 그는 국제적 명성을 지닌 석학이었고, 그의 연구 분야는 아인슈타인의 상대성이론의 이론적 토대가 되는 물리학의 한 분야였다. 원래는 유태교인이었던 그 집안은 알베르트가 태어날 당시 이미 신교로 개종한 후였기 때문에 알베르트는 신교로 세례를 받았다. 아주 어린 시절 그는 심하게 소아마비를 앓아 평생 동안 절룩거려야 했다.

카우프만의 가족 관계는 상당히 복잡했던 듯싶다. 알베르트의 부친은 이혼한 후 그 전처의 간병사와 재혼하여 아들 라이문트Raimund를 낳았는데, 라이문트에게는 첫 결혼에서 다섯 자녀를 두었다는 사실을 숨겼던 것 같다. 후일 알베르트의 아내 그레테가 딸아이를 데리고 프라이부르크에 사는 시아버지를 찾아가 문을 두드리자, 그 교수님은 그녀에게 다음과 같이 말했다.

"그레테, 들어오지 말아다오. 나는 내 아들 라이문트에게 손위 형제들이 있다는 사실을 알리고 싶지 않다……."

알베르트 카우프만은 이미 청소년기부터 무언가를 고안해내는 데는 선수였고, 여러 가지 발명을 하던 그는 쾨니히스베르크에서 대학을 다녔다. 1932년 그는 쾰른-니페스 구역 빌헬름가 55번지에 사는 재봉사 그레테 바우어Grete Bauer와 결혼했다. 이들은 니페스에 있는 루터 교회에서 신교로 결혼식을 올렸다. 알베르트 카우프만은 에센Essen에 있는 크룹Krupp[53] 기업에서 공학사로서 직장을 얻게 되었고, 에센 서부 지역으로 이사했다. 1937년에 이 부부 사이에서 딸 레나테가 태어났다.

"그레테 이모와 알베르트 이모부가 다시 쾰른으로 돌아온다"는 소식을 들은 때를 힐데가르트 다우트는 1939년으로 기억한다.

아마도 알베르트 카우프만은 크룹 기업에서 그해 직장을 잃었고, 그의 가족은 어디로 가야 할지를 몰랐던 것 같다. 그래서 그들은 그레테 카우프만의 다른 두 자매가 살고 있는 빌헬름가 55번지의 집으로 이사 왔고, 카우프만 가족은 그 집의 단칸방에서 지냈다. 알베르트 이모부가 '숙제 도와주는 사람'이었고, 벨기에 신문을 즐겨 읽었다는 힐데가르트 다우트의 기억들은 이 시절에서 비롯된다.

알베르트 카우프만은 다행히 쾰른-쥘츠 구역에 있는 기계 조립 회사 릭Rick에 재취업하였으나 벌이는 신통치 않았다. 그래서 그레테 카

---

53. 16세기 말부터 대상으로 유명해진 가문으로 19세기 초에서 중순경까지 대기업으로 성장했고, 1866년부터 1945년까지 유럽에서 벌어진 전쟁에서 이 기업이 생산한 무기가 투입되었다. 특히 2차 대전 당시 나치의 도움으로 수감자들을 무기 생산에 강제노역 시킨 죄과 등을 묻는 뉘른베르크 전범재판에서 기업주 아들 알프리드 크룹은 12년간의 징역형과 전 재산 몰수 판결을 받았다.

우프만은 가족의 생계비 조달을 위해 전직을 되살려 니페스 구역의 슈타인베르크가 Steinbergstraße에 양장점을 열었다. 그녀는 재봉사 자격증을 보유했음에도 불구하고 유태인과 결혼했다는 이유로 자격증의 게시는 금지당했다. 정

그레테, 딸 레나테, 알베르트 카우프만.

치적으로 유태인들이 점점 더 심하게 제한받기 시작하자 그레테 카우프만은 남편의 기분을 좀 전환시켜주기 위해 니페스 구역의 크리스티나가Christinastraß에 있는 작은 차고를 세냈다. 그곳에서 남편이 실험과 발명에 열중할 수 있도록.

알베르트 카우프만이 유태인이란 사실은 가족 내에선 이론의 여지가 없었다.

"어느 날 내가 연립주택의 계단을 오르내릴 때, 이웃 여자가 대문을 열고 나에게 '네 이모부 유태인이지!'라고 다그쳤고, 그래서 나는 그 사실을 우리 엄마한테 이야기했지요. 그러자 엄마는 '그건 맞지 않아. 너희 이모부는 단지 1/8 유태인이야……'라고 말했어요."

힐데가르트 다우트는 그렇게 기억하고 있다.

나치의 유태인 탄압 정책이 점점 심해지자 결국 그레테와 알베르트 카우프만은 딸아이를 안전한 곳으로 보내기로 결심했다. 그레테 카우프만은 슈베비슈-할Schwäbisch-Hall 출신의 한 여성 고객을 알고 있었는데,

그녀는 어린 레나테를 자기 집으로 데려가 자기 친척 아이인 것처럼 보호하겠다는 제의를 해왔다.

1944년 알베르트 카우프만과 그의 아내는 쾰른-릴Riel 구역에 있는 요하네스-뮐러가Johanes-Müllerßstraße 29번지, '자이페르트Seiffert 저택'으로 강제 입주하게 되었다. 그 큰 저택은 유태 여인과 결혼한 클로트Clouth 회사 사장의 집이었다. 그런 연고로 그 저택은 소위 말하는 '유태인의 집'으로 변했다. 말하자면 자기 집에서 쫓겨난 유태인들은 할 수 없이 그 집에 모여 비좁게 함께 살게 된 것이다. 그곳에서 알베르트 카우프만은 슈베비슈-할에서 양어머니와 살고 있는 어린 딸아이에게 몇 통의 편지를 써 보냈다.

쾰른, 1944년 9월 10일
내 사랑하는 아가!
우리가 이생에서 다시 만날 수 있을지 알 수 없기에 이 편지를 쓴다. 나는 기꺼이 너의 성장과정을 책임지고 싶었다. 스스로의 판단과 감정에 따라 무엇이 정당하고 옳은 행동인지를 알고, 또한 확신에 따라 흔들리지 않고 행동하는, 그렇게 스스로 사고할 줄 아는 성인이 될 때까지 말이다. 너와 엄마, 아빠가 몇 년간 모두 함께 지낼 수 있게 되기를 바란다. 그러나 나는 내 인생에서 세상을 가차 없이 있는 그대로 바라보아야 함을 깨달았다. 모든 것을 파괴하는 지금 같은 전쟁의 시기에는 모든 사람의 목숨이 매 순간 위협받고 있다. 폭탄을 퍼붓는 전투기가 더 이상 날지 않고 대포 소리가 멈춘다 하더라도, 다시 말해 종전이 된다 하더라도 상황은 네 아빠를 이중으로 위협한다.

만일 독일 민족이 제국의 존속과 그 문화를 고수하는 데 성공한다면(나는 독일 민족이 그럴 수 있기를 바란다. 왜냐하면 인류가 독일 민족의 엄청난 문화유산의 덕을 입었기 때문이다), 아마도 이 전쟁이 그토록 가혹하고 목숨을 다할 정도로 힘들었다는 이유에 대한 화풀이로, 아리아족에 속하는 배우자와 자녀를 참작해서 아직까지 살려둔, 여전히 독일 땅에 존재하는 유태인들에게 이 전쟁의 조정자들은 앙갚음을 하려 할 것이다. 다수의 독일인들, 특히 오늘날 독일 국가를 좌지우지하는 자들은 유태인이 그들의 아주 위험한 적이라는 입장을 고수하고 있다. 그렇기 때문에 독일과 독일 문화를 사랑했고, 그 풍요로움을 찬미하고, 그 번영을 위하여 작은 기여나마 해온 나와 같은 유태인들도 모두 핍박을 받게 될 것임이 틀림없다.

나는 독일이 승전할 경우 국가 권력에 의해 처형당하거나 추방당할지도 모르는 상황에 대해 마음의 준비가 되어 있다. 추방되는 경우라도 너와 네 엄마에게 나는 죽은 존재나 다름없을 것이다.

독일의 적들이 승전할 경우에도 많은 사람들이 나를 혐오할 것이다. '유태인'으로서 독일인에 대한 증오를 그들과 함께 느끼지 않는다고 생각하기 때문일 것이다. 그래서 나를 '나치 후보'로 취급해 소련의 빨갱이 무리에게 고발할 것이며, 그 무리가 정권을 잡게 되면 교수의 아들이자 스스로도 대학 졸업자인 나는 그들에게는 멸종시켜야 마땅할 존재로 여겨질 것이다(……).

이 편지 구절에서 후일 역사학자 피터 그레이Peter Gray[54]가 "유태인의

---

54. 미국 심리학자, 보스톤 대학 교수, 다수의 심리학에 관한 저서 집필.

독일 문화와의 열애"라고 한 표현과 흡사한 면을 엿볼 수 있다. 그것은 독일 조국, 독일의 가치, 독일 문화에 대한 조건 없는 사랑을 암시한다.

1944년 늦여름 카우프만 부부는 또다시 이주해야 했는데, 이번엔 뮝어스도르프 수용소였다. 제5보루 안에 있는 이 바라크 수용소는 프로이센 당시 시를 방어하기 위해 세워진 요새였는데, 나치 정권은 1941년 이후로 쾰른 시와 그 근방에 사는 유태인들을 잡아들이기 위해 이곳을 최초의 임시 포로수용소로 사용하였다. 동구권에 있는 게토와 포로수용소로 강제 이송되기 전에 유태인들은 일단 이곳으로 잡혀 들어왔다. 뮝어스도르프로 이주하기 직전에 알베르트 카우프만은 딸에게 또다시 편지를 썼다.

1944년 9월 16일

그사이에 네 부모의 운명이 결정되기 시작했다. 9월 11일 월요일 저녁 우리는 쾰른-뮝어스도르프에 있는 유태인 공동수용소로 이주하기 위해 화요일 12시까지 자이페르트 저택 안의 우리 방을 비워야 한다는 사실을 알게 되었단다. 그 수용소에 있는 군용 이층 침대에 우리는 매트리스로 이부자리를 깔았다. 그리고 비좁고 높은 2개의 군용 장롱 안에 얼마 안 되는 짐을 집어넣었다. 8×10미터 크기의 바라크에 19명이 함께 사는데, 자이페르트 저택에 살았던 우리 10명은 한쪽 편에 함께 모여 살고 있다. 이 수용소에는 쾰른, 아헨, 라인란트 주의 여러 도시로부터 1,500명의 '섞인 혼인'을 한 사람들이 모인 것으로 알고 있다. 사전에 신고하지 않았을 경우에는 자녀들도 역시 함께 끌려와야 한다. 우리는 네가 지금 라이머 Reimer 부인 댁에 살고 있는 것을 정말 다행이라고 생각한다. 다만

나는 그 사실이 라이머 씨 가족에게 불행을 초래하지 않기만을 바랄 뿐이다.

목요일 아침부터 오늘까지 우리는 수용소 출입을 금지당했다. 심지어 일을 해야만 하는 사람들조차 수용소를 나갈 수 없다. 우리 모두 금지조치가 해제되기만을 기다리고 있다. 이곳의 모든 사람들은 영국군이 와서 우리를 해방시켜주기만을 학수고대하고 있다. 우리는 다가올 월요일부터 수용소로부터 식량을 배급받게 되고, 더이상 식량카드를 받지 못한다. 그것은 아무도 도망가지 못하게 하기 위한 조치일 것이다. 다행히 우리는 아직 식량이 남아 있어, 자이페르트 저택에 마지막으로 이사 왔던 플루러Fluhrer 부인이 갖고 온 작은 난로로 음식을 조리할 수 있었다. 우리는 서로 의지하고 서로 힘들게 하지 않으려고 노력한다. (……) 나는 이 상황을 세계사의 큰 흐름 속에서 단지 잠시 지나갈, 그리 중요하지 않은 사건일 뿐이라고 여기며 스스로를 달래고 있다. 하지만 얼마나 많은 사람들이 그럴 수 있을는지(……).

"당시 저는 주로 빛 차단 용지[55]를 파는 실습 판매원이었습니다……"라고 힐데가르트 다우트는 회상한다.

그녀는 쾰른-릴Riehl 구역의 볼텐슈테른가Boltensternstraße에 있는 고모 집에 거주하고 있었다. 알베르트 이모부와 그레테 이모를 면회하기 위해 그녀는 자주 릴에서부터 밍어스도르프 수용소까지 걸어갔다. 그 무렵 전차 운행이 중단되었기 때문이었다. 그곳의 비참한 상황 때문

---

55. Verdunkelungspapier: 2차 대전 당시 야간공습 시 창문의 전등 빛을 차단하기 위해 사용한 검은색의 종이.

에 그녀는 매번 울음을 터트렸다. 그러나 알베르트 카우프만은 담담했다. 그는 절망적인 상황을 견뎌내는 것이 습관화되었던 것 같다. 1944년 9월 22일에 그는 딸아이에게 다음과 같이 썼다.

일주일 내내 날씨가 아름다웠다. 그렇기 때문에 나에게는 수용소의 비좁은 공간으로부터 가능한 한 자주 벗어날 수 있는 기회가 되었다. 오늘까지도 수용소 감금은 폐지되지 않았고, 전쟁이 끝나기 전에 제대로 일자리를 얻으리라는 희망은 점점 사라지고 있다. 서부전선에서 독일군 병력이 여전히 잘 버티고 있다고 한다. 우리의 '해방'은 다시 저 멀리로 밀려난 것 같구나. 로테Lotte 이모와 다른 친지들은 거의 매일 우리를 면회하러 왔단다. 그래서 우리는 여전히 바깥세상과 연결될 수 있고, 중요한 물건들을 받거나 또는 내

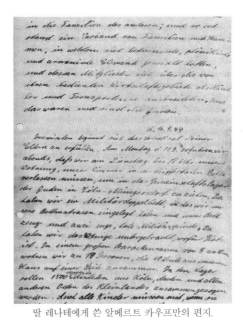

딸 레나테에게 쓴 알베르트 카우프만의 편지.

보낼 수 있었다(……).

알베르트 카우프만은 자기에게 앞으로 닥쳐올 상황을 감지하고 있었던 듯싶다. 위 편지를 쓴 지 단 3일 만에 무언가를 예감한 듯 다시 다음과 같이 쓰고 있다.

퀼른, 44년 9월 25일, 6시
내 사랑하는 아이야!
신의 가호가 없는 한, 이 편지는 네가 나로부터 받아볼 수 있는 마지막 서신이 될 것이다. 오늘 오전에 건강한 유태인들, 남녀할 것 없이 함께 수감된 자들은 알 수 없는 어딘가로 끌려가기 위해 정렬했다. 나는 그들이 차라리 아주 힘들고 위험한 일에 배당되기를 바란다. 그럴 경우에만 목숨을 건지고 사랑하는 이들을 다시만날 다소간의 가능성이 존재하기 때문이다. 마치 국가의 부름을받아 전선에 보내지는 군병처럼.
나에게는 단지 시간문제일 뿐이다. 잘해봐야 며칠도 안 남았다. 그때가 되면, 나는 사랑하는 네 엄마와 헤어져야 한다. 아이였던나를 손아귀에서 놓쳤던 그 죽음이 다시 나의 곁으로 아주 바짝다가올 것이다. 무거운 짐처럼 계속 그 손아귀의 흔적을 내가 몸소끌고 다녀야 했던 죽음 말이다. 그 죽음이 나를 다시 한 번 놓아준다 하더라도, 나는 완전히 다 타버린 가슴을 안고, 다가올 날에는오로지 가차 없는 법에 종살이를 하게 될 것이다. 그렇게 되면, 아마도 네 아빠와 같은 사람은 너와 별 관계가 없는 편이 나을 것이다. 왜냐하면 너는 그에 대해 경악할 것이기 때문이다. 여인들의 끊이지 않는 한탄 가운데서 맑은 정신을 유지하기가 특히 오늘은 쉽지 않구나. 그래도 괜찮다(……).

제발 나의 운명에 대해 슬퍼하지 말아다오! 나는 인류의 가장 깊숙한 생각을 이해할 수 있었다. 일반적인 상식이 허락하는 한에서 나는 공간과 시간의 깊이를 헤아릴 수 있었단다. 나의 인생에 있어서 아주 유용한 발명의 기회도 몇 번 허락되었다. 그리고 네 엄마가 나에게 행복한 12년을 선사했다. 그 12년간 우리는 모든 억압과 불안 속에서도 서로 신뢰로 뭉칠 수 있었고, 서로 많은 기쁨을 나눌 수 있었다. 그리고 내 아기, 너는 나에게 큰 기쁨이었다. 사랑하는 네 엄마가 살아남아 너를 씩씩하고 총명한 인간으로 길러낼 수 있기를 희망한다. 엄마를 항상 사랑하고 순종하는 아이가 되길 바란다. 만약 라이머 부인이 네 엄마 역할을 계속하게 될 경우 착하고 도움을 주는 딸이 되어라!

혹시 너는 유태인 조상을 가진 것이 흠이 되는 세상에서 살게 될지도 모르겠다. 그러면 온 세상을 빙 둘러 독일 사람인 것도 마찬가지로 좋지 않다는 점을 상기하렴. 인간을 판단할 때 단지 '어떤 인간'인지를 따지고, 어떤 조상을 두었는지를 묻지 않는, 그런 나라가 생기길 나는 희망한다. 이러한 희망을 갖고 너의 부모는 사랑의 법에 따르길 감행했었다(……).

이제 다시금 수천 번의 입맞춤과 포옹을 전한다.

이 편지를 읽으면서 사랑의 마음으로 네 아빠를 기억하렴.

알베르트 카우프만

알베르트 카우프만은 테레지엔슈타트Theresienstadt로 강제 이송되었다. 그러나 수용소까지 그는 결코 도착하지 못했다.

종전 후에야 비로소 그의 아내는 남편의 마지막 길에 대해 전해 듣게 되었다. 알베르트 카우프만과 함께 강제 이주당했던 이웃집 유태 여인이 당시 알베르트에게 무슨 일이 일어났는지 알려주었다.

테레지엔슈타트에 도착 후 곧장 수용소로 보내질 수감자들은 트럭에 옮겨 탔다. 그 트럭에는 덮개를 받쳐주는 나무로 만든 뼈대들이 부착되어 있었다. 수감자들은 그 나무 뼈대를 손잡이 삼아 꼭 붙들었다. 그런 와중에 나무 뼈대 하나가 부러지자 수감자들은 '벌'로 트럭에서 내려 그 근방에 있던 집 담벼락에 정렬해야 했다. 알베르트 카우프만에게는 소아마비로 인한 장애 때문에 오랫동안 움직이지 않고 가만히 서 있는 것이 힘들었다. 그는 참다못해 약간 움직일 수밖에 없었다. 그러자 감시병들이 우르르 떼로 몰려와 그를 구타해서 죽였다.

그레테 카우프만은 '독일 혈통'이라는 명분으로 남편이 강제 이송되기 전에 뭥어스도르프 수용소에서 석방되었고, 전쟁에서 살아남았다. 전쟁이 끝날 무렵 그녀는 옛 직업을 다시 되살려 쾰른-마리엔부르크 Marienburg 구역에 양장점을 개업했다. 그녀는 1976년에 작고했다. 딸 레나테 카우프만은 오늘날 미국에서 살고 있다.

지금도 여전히 쾰른에서 살고 있는 카우프만의 처조카 힐데가르트 다우트는 이모부를 위해 걸림돌을 기증했다.

"걸림돌은 무덤조차 없는 한 사람에 대한 간소한 기억이 될 것입니다"

이렇게 나직이 그녀는 말한다.

"전쟁이
끝나면……"

게르다 렌네베르크(Gerda Lenneberg, 1904~?) 처녀명 헤르츠(Herz)
롤프 에른스트 렌네베르크(Rolf Ernst Lenneberg, 1930~?)

한 사람의 삶을 대충이나마 재구성하려면 최소한 얼마만큼의 퍼즐 조각이나 모자이크 조각이 필요할까?

만일 그레벤스Grevens[56] 주소록에 오로지 한두 줄의 기록만 남아 있다든가 또는 강제 이주 명부에서 미미한 자료밖엔 찾을 길이 없다면 어떻게 하면 좋을까? 정확히 가족들이 어디로 이민을 갔는지, 그가 다시 독일로 돌아왔는지 더 이상 알 수 없다면? 온갖 추적이 허사가 되고 한 인간의 흔적이 모조리 퇴색되었다면, 단 한 줄의 친필 증거나 편지 한 통 또는 엽서 한 장조차도 더 이상 존재하지 않는다면 말이다. 이러한 점에 있어서는 나치들이 완전히 이겼다고 볼 수 있다. 그들은 단지 사람들만 살해한 것이 아니라 동시에 그 살해당한 사람들에 대한 기억까지도 모조리 지워버렸기 때문이다.

---

56. 1827년에 안톤 그레벤(1793~1870)이 쾰른에서 설립한 출판사로 주로 주소록, 전화번호부 등을 출간했음.

마를리스 망케(처녀명 조이페르트)와 그녀의 오빠 헤리베르트 조이페르트는 오늘날에는 아무도 알지 못하는 세 사람에 대해 몇몇 기억의 파편을 소유한 유일한 사람들이다.

이 남매는 60년 동안 잊고 있었던 사건들을 재구성하고자 몇몇 모자이크 조각, 퍼즐 조각을 기억 속에서 다시 끄집어내고자 애를 쓴다. 그들은 애써서 그들의 유년 시절, 즉 마를리스가 10살, 헤리베르트가 12살

조랑말 위에 앉아 있는 롤프 렌네베르크, 아마도 쾰른 시립 숲에서.

때의 기억들을 더듬는다. 그들의 기억 속에 출현하는 세 사람 중 어른 두 명에 대한 기억은 그림자처럼 희미할 뿐이고 대충의 윤곽만이 남아 있다. 마를리스 망케와 헤리베르트 조이페르트는 여러 차례 어쩔 줄 몰라 서로 얼굴을 쳐다보며 말한다.

　　"그걸 우리는 더 이상 모르겠네요. 이 질문에 대해 어떻게 답해
　　야 할지 우린 모르겠습니다……"

그러나 당시 어린아이였던 그들의 기억 속에 또렷이 남아 있는 것은 다른 어린아이의 모습, '뢸프헨Rölfchen'[57]의 모습이다.

57. 접미사 -chen은 어떤 대상을 작거나 귀엽고 사랑스럽게 표현하고자 할 때에 사용.

"뢸프헨은 아주 귀엽고 유난히 사랑스러운 아이였습니다."

그 두 남매가 '뢸프헨'과 그의 부모를 알게 된 것은 이들의 부모가 새로 지은 집과 연관이 있다.

두 남매의 가족은 몇 년간 퀼른-린덴탈Lindenthal 구역에 있는 힐러가 Hillerstraße에서 살았다. 부친 아돌프 조이페르트는 잘나가는 페인트칠 사업을 운영했다. 그의 고객 중에는 심지어 은행가 쿠르트 프라이헤어 폰 슈뢰더Kurt Freiherr von Schröder도 있었다. 이 은행가는 1933년 1월 4일에 슈타트발트귀르텔Stadtwaldgürtel 35번지의 자기 저택에서 히틀러와 당시 수상인 프란츠 폰 팝펜Franz v. Papen을 비밀리에 만날 수 있도록 주선하였다. 이것이 훗날 나치 정권 수립의 길을 열어준 계기가 되었다.

1925년에 아돌프 조이페르트는 쥘츠Sülz 구역의 공익주택조합의 보조로 새 집을 지었다. 그 집은 밝고 널찍한 건물이었다. 그런데 그 집의 새 주소 케르페너가Kerpener Straße 131번지를 우편집배원이나 사업 동료, 그리고 심지어 친구들조차 찾지 못했다. 왜냐하면 케르페너가는 그 가운데 커다란 축구장이 놓여 반으로 갈라져 있었기 때문이었다. 그 결과 성난 주민들의 민원이 시로서도 더 이상 버틸 수 없을 정도로 늘어나서 시는 케르페너가 131번지가 놓여 있는 그 거리의 일부를 손쉽게 프레헤너가Frechener Straße라고 개명했다. 그 집은 현재 번지수 7번을 달고 있다.

아돌프Adolf와 베티Betty 조이페르트는 두 자녀 마를리스, 헤리베르트와 함께 1926~1927년 사이에 새로 지은 집의 이층으로 이사했고, 일층은 세놓았는데 첫 번째로 세든 사람들과는 마찰이 잦았다. 침실 세 칸, 거실 한 칸, 아동방 한 칸, 발코니가 딸린 부엌과 목욕실로 구성된 홀

룽한 이 일층 집에 1934년, 드디어 신뢰할 수 있고 집세를 치를 능력이 있으며 아이가 한 명 딸린 젊은 부부가 새로 이사 들어왔다.

그들은 리카르트 렌네베르크Richard Lenneberg와 아내 게르다Gerda(처녀명 헤르츠Herz) 그리고 어린 아들 롤프 에른스트Rolf Ernst(애칭 뢸프헨)이었다. 이 가족은 그 전에 브라운스펠트Braunsfeld의 마아르벡Maarweg 25번지에 살았는데 좀 더 큰 집을 찾고 있었다. 1897년생 리카르트 렌네베르크는 키가 훤칠하고 날씬했으며, 그의 아내는 작고 여렸다고 마를리스 망케는 여전히 기억하고 있다. 렌네베르크는 큰 의류사업체에 고용된 거래인이었다. 아마도 디슈하우스Dischhaus[58] 뒷전의 모데-우니온Mode-Union[59]이 아니었나 싶다고 망케 부인은 추측한다.

렌네베르크 가문은 원래 베스트팔렌Westfalen 주 이저론Iserlohn 출신이었다. 그곳 연감에 따르면 리카르트의 조부인 상인 노아 렌네베르크Noah Lenneberg는 1868년에 이미 엄청난 부를 쌓았고, 당시 주의 랍비에게 내는 헌금이 6~8은전Silvergroschen[60]이나 될 정도였다. 노아의 아들 마르쿠스는 렘샤이트Remscheid에 있는 비스마르크가Bismarkstraße 14번지에서 남성용품과 스포츠용품을 다루는 규모가 큰 점포를 개장했다. 그와 세 아들 베르너Werner, 게오르그Georg, 리카르트는 1차 세계대전 때에 장교로 참전했다. 그들은 의식 있는 유태인이었고, 자부심에 찬 독일인들이었다. 그들은 스스로를 독일 국민이라고 굳게 믿었다.

게르다 렌네베르크(처녀명 헤르츠Herz)의 가족에 대해 알려진 바는 거의 없다. 게르다는 1904년에 쾰른에서 출생했고, 아마도 의사 집안 출신

---

58. 쾰른 도심의 브뤼켄가(Brückenstraße) 19번지 건물.
59. 브뤼켄가(Brückenstraße) 17번지 건물.
60. 1Silvergroschen=30탈러(Taler), 1830년에 전문직 주급이 1탈러였음.

인 것 같다. 그것이 정확한지 마를리스 망케는 더 이상 자세히 기억할 수 없다고 했다. 아들 '뢸프헨'은 1930년 12월 1일, 쾰른에서 세상 빛을 보게 되었다. 프레헤너가의 집으로 렌네베르크 가족이 이사 올 때 데려온 가사도우미는 꼭대기 층의 가정부 방에 거주했다. 렌네베르크 식구들은 명랑하고 마음이 열린, 까탈을 떨지 않는 사람들이었다. 재정적으로도 무난했고, 부부 사이가 좋았으며, 어린 롤프는 그야말로 '복덩이'였다.

프레헤너가 7번지 집의 두 가족 사이에는 단순한 이웃 간의 친절을 넘어선 깊은 우호 관계가 싹트기 시작했다. 오후가 되면 자주 커피와 케이크를 함께 나누어 먹고, 저녁이면 함께 포도주를 마시기도 하면서 서로 기쁨과 근심을 나누는 사이가 되었다. 때로는 함께 자동차를 타고 소풍을 가기도 했다.

"한번은 리카르트 렌네베르크가 운전 중 목청 높여 노래 부르며 익살을 떠는 바람에 차가 거의 도랑으로 빠질 뻔한 적도 있었답니다."

"때때로 리카르트 렌네베르크의 부친도 이런 모임에 합류하기도 했는데, 렘샤이트에서 온 사업가 마르쿠스 렌네베르크는 아주 흥겹고 사교적인 남자였으며, 그가 군인 시절 겪은 익살맞은 여러 에피소드를 자주 들려주곤 했지요. 그는 장교로서 일요일이면 종파를 엄격히 구분하여 신병들을 교회에 가게 했고, 예배 중에 꽁무니 빼고 도망치지 못하도록 감시했다고 이야기하곤 했습니다."

헤리베르트는 그 인상적이었던 에피소드를 여전히 기억하고 있다.

게르다 렌네베르크와 애칭으로 '테타Tetta'라고 불린 베티 조이페르트는 친한 친구 사이가 되었다. '테타'는 게르다가 가사에 관한 조언과 도움을 청하는 상대였다.

"그 젊은 렌네베르크 부인은 주부로서는 완전 구제불능이었어요."

오늘도 여전히 마를리스 망케는 게르다에 대한 에피소드를 기억한다. 일층으로부터 자주 도움을 청하는 소리가 들리곤 했다.

"테타, 빨리 잠깐 내려와주실 수 있으세요?"

이러한 부름을 들을 때면 베티 조이페르트는 무언가 잘못됐다는 걸 곧 알아챘다. 때로는 게르다 렌네베르크가 흰 빨랫감과 색깔 있는 빨랫감을 함께 빨아 옷이 모두 물들었던가, 아니면 냄비 바닥에 감자가 타서 눌어붙었던가, 아니면 여러 시간 오븐에서 구운 고기가 질기고 맛도 이상하였던가 하는 일들이었다.

아이들 사이에서도 우정이 싹텄다. 롤프 렌네베르크는 당시 아주 어린 편이었지만, 그래도 헤리베르트 조이페르트는 이웃의 아이들을 모두 소집해서 놀 때면 모든 놀이들-예를 들어 공차기, 구슬치기, 술래잡기-에 '룔프헨'을 끼어주었다. 더구나 집 뜰에는 '클로버 잎'의 모임 장소인 모래 구덩이가 있었다. '클로버 잎'의 멤버들은 헤리베르트, 식료품 가게 베터만Bettermann네 쌍둥이와 룔프헨 렌네베르크였다. 이 시절에 찍은

'뵐프헨'의 사진이 유일하게 한 장 존재한다. 그 어린아이가 조랑말 위에 앉아 있는 사진이다. 마를리스 망케는 그 사진의 배경이 동물원이었는지 아니면 쾰른 시립 숲이었는지 정확히 기억하지 못한다고 말한다.

마를리스와 헤리베르트는 렌네베르크 식구들이 유태인이란 사실을 잘 알고 있었지만 전혀 문제 삼지 않았다.

"그 부부가 시나고그Synagoge에 다녔었는지, 아니면 유태인들이라 저희 집과 달리 요리를 해서 먹곤 했었는지 기억이 나지 않네요."

그러나 그 남매는 한 가지 사실만은 분명히 기억한다.

"리카르트 렌네베르크가 어느 날 갑자기 집을 떠났습니다."

아마도 1938년에 리카르트 렌네베르크는 외국으로 떠나기로 결정했을 것이다. 어쨌든 1939년까지는 그레벤스Grevens 주소록에 그의 이름이 들어 있다. 그러나 그 이후로 그 이름은 더 이상 존재하지 않는다. 1941년 중반부터 독일을 떠나 이민 가는 것은 불가능해졌고, 그 이전에 발급되었던 비자조차도 비밀경찰국에 의해 실효되었다. 설령 이민 가고자 하는 사람들이 유효한 승선권을 소지하고 있었다 하더라도 출국은 불가능했다.

어떤 동기로 리카르트 렌네베르크가 가족을 내버려두고 혼자 떠날 결심을 하게 되었는지 우리로선 알 길이 없다.

추측건대 그는 유태인 차별정책으로 인해 일자리를 잃었고 더 이상 아무런 전망이 없었던 것 같다. 1938년에 부친이 자살한 사건 역시 그에겐 엄청난 충격이었던 것 같다.

마르쿠스 렌네베르크, 독일국가의 장교였고 렘샤이트에 있는 렌네베르크 사업체의 사장이었던 그는 "쳐들어온 오스트리아 놈"[61]에 의해 독일 국민의 권리를 박탈당하기 싫었고, 그래서 1938년 11월 10일, 포그롬 다음 날 아침에 렘샤이트에 있는 자신의 상점에서 총으로 자살했다.

나치 돌격대는 그 전날 밤에 시교회 근처 비스마르크가에 있는 오랜 전통의 상점을 때려 부수고 불을 질렀다. 마르쿠스 렌네베르크는 렘샤

『돌격병』[62]에 실린 렘샤이트에 있는 유태인 상점들의 명단.

이트-블리딩하우젠Bliedinghausen에 있는 유태인 공동묘지에 안장되었다. 비밀경찰의 지시에 따라 묘비의 사망 일자 1938년 11월 10일은 위험의 여지가 없는 다른 일자로 변조되어야만 했다.

어쨌든 리카르트 렌네베르크는 조이페르트 가족에게 남미로 떠날 작정이라고 했다.

"아마도 페루, 정확하게는 더 이상 모르겠네요."

61. 오스트리아 출신의 히틀러를 지칭.
62. 『Der Stürmer』: 나치의 선전 신문.

사망 일자가 변조된 마르쿠스 렌네베르크의 묘비.

마를리스 망케는 어렴풋이 그렇게 기억된다고 말한다.

"그곳에서 그는 삶의 새로운 기반을 세우고 아내와 아이를 나중에 오도록 할 참이었나 봐요. 돈을 모두 끌어 모았고, 게르다 렌네베르크는 아마도 남편이 떠나도록 용기를 북돋아주었던 것 같아요."

마를리스 망케 부인은 흘러간 오랜 세월을 헤치고 되돌아가 보려고 애쓴다.

"얼마나 오랫동안 그 이별이 지속될지 그 당시로서는 당연히 아무도 상상할 수 없었지요."

게르다 렌네베르크 역시 상상할 수 없었다. 그녀는 아주 확신에 차서 항상 "전쟁이 끝나면……"이라고 말하곤 했다. 남편이 떠난 직후 자주 덧붙이던 그 뒤 문장 "그러면 우리가 뒤따라갈 것이다"는 언젠가부터 침묵이 대신하게 되었다.

"전쟁이 끝나면……"이라는 문장은 게르다 렌네베르크가 전쟁이 끝나면 아이와 함께 남편이 있는 남미로 갈 수 있으리라고 정말로 믿었다는 사실을 말해주는 것일까? 아니면 현실을 알면서도 허무맹랑한 희망에 매달렸던 것일까? 혹은 리카르트 렌네베르크 입장에서도 이민 가서 자리를 잡고 아내와 아들을 후에 데려오리라고 믿었던 것일까? 그 당사자들 모두 그토록 순진했던 것일까? 아니면 그토록 무지했던 것일까? 아니면 그토록 정치적인 감각이 전혀 없었던 것일까? 아니면 단순히 세 식구 모두 함께 이민 가는 데 필요한 자금이 부족했던 것일까? 아니면 그 가족들 중 단 한 명만이 비자를 받았던 것일까? 아니면 리카르트 렌네베르크는 가족과 헤어질 계획으로 떠난 것인가? 마를리스 망케는 이별을 계획하고 떠났으리라고 믿지 않는다. 시대 상황을 제대로 감지한 유태인 가족들만이 모든 식구가 함께 이민을 갔다. 예를 들어 게르다 렌네베르크의 자매는 남편과 함께 일찍이 브뤼셀Brüssel로 이민을 갔다.

리카르트 렌네베르크가 떠난 후, 그의 아내와 아이는 얼마 안 가서 돈이 완전히 바닥났다. 프레헤너가의 조이페르트에게 집세를 더 이상 지불할 수 없었기에 그들은 그 집에서 나가야 했다.

1939년 4월 30일에 "유태인에게 세놓을 경우에 대한" 법이 시행되었다. 이 법은 유태인에게 세놓는 집주인은 더 이상 법적 보호를 받지 못한다고 못 박고 있다. 일시적으로 게르다 렌네베르크는 륄프헨과 네덜란드에서 살았으나 다시 쾰른으로 돌아왔다. 아마도 독일이 1940년에 네덜란드를 점령한 뒤였던 것 같다. 쾰른으로 되돌아와 그 둘이 어디에서 살았는지 더 이상 추적할 수 없다.

재정적 궁핍과 점점 심해지는 정치적 압박 속에서 오로지 그녀 혼자서 책임져야 하는 아이에 대한 염려를 짊어지고 게르다 렌네베르크는 그녀의 삶을 다시 꾸려나가야 했다. 그래서 그녀는 다만 어느 정도라도 돈을 벌기 위해 로베르트-블룸가Robert-Blum-Straße의 한 집에서 파출부로 일했다. 사정이 그렇게 되었을 때는 이미 조이페르트 가족과의 우정 어린 왕래가 뜸해진 뒤였다. 게르다 렌네베르크는 더 이상 찾아오지 않았다. 아마도 자신의 가난과 궁색함을 부끄러워했을 것이고, 예전에 사귀던 사람들에게 그녀가 이제는 낯선 사람들 집에서 청소를 한다는 사실을 알리고 싶지 않았기 때문이었을 것이다.

이 시절 언젠가 마를리스 조이페르트는 전차에서 렌네베르크 부인을 우연히 만나게 되었다. 마를리스는 전차 안에 앉아 있었고, 게르다 렌네베르크는 바람 부는 바깥의 플랫폼에 서 있었다. 마를리스는 그녀에게 다가가 안에 빈자리가 있으니 들어오라고 청했다. 게르다 렌네베르크는 얼굴을 붉히며 유태인이 전차 안에 착석하는 것은 금지되어 있다고 속삭이는 말투로 설명했다.

페인트 장인 아돌프 조이페르트도 예전에 자기 집에 세 들어 살던 렌네베르크 부인을 한 번 길에서 마주친 적이 있었다. 그때 그녀는 그에게 렌네베르크 가문의 은 세공품을 사달라고 청했다.

"그녀는 아마 돈이 급히 필요했던 모양입니다. 하지만 이미 전쟁은 시작되었고, 우리 아버지는 은 세공품이 전혀 필요 없었기에 거절할 수밖에 없었습니다."

마를리스 망케는 그렇게 회상하며 말한다.

쾰른의 비밀경찰국이 1941년 5월 12일에 발표한 '유태인 병합' 규정에 따르면 6월 1일부터 유태인들은 오로지 '유태인의 집'에 거주해야 한다고 되어 있다. 그럼으로써 '잘사는' 쾰른 시의 구역에서 가능한 한 빨리 유태인을 제거하고자 했다.

이 부당한 규정은 게르다 렌네베르크와 그녀의 아들에게는 또다시 이사해야 함을 의미했다. 그들은 마리아-힐프가Maria-Hilf-Straße 17번지 '유태인의 집'으로 숙소를 배정받았다.

그 후 마를리스 망케에게 결코 잊을 수 없는 날이 다가왔다.

1941년 10월 21일, 스산하게 차가운 가을날이었다. 이른 오후였지만 벌써 이미 어둑어둑했다. 조이페르트네 초인종이 울렸다. 마를리스가 문을 열자 '뢸프헨'이 두툼한 겨울 외투를 차려입고 밖에 서 있었다. 수줍은 듯 11살배기는 악수를 청하며, 작별 인사를 하러 왔다고 말했다.

조이페르트 식구들이 의아해하며 어떻게 된 거냐고 묻자, 그 아이는 그저 다음과 같이 대답했다.

"우리는 내일 떠나야 해요."

"아니 도대체 어디로?"

"저는 모르겠어요."

"네 엄마 어디 계시니?"

"엄마는 오실 수가 없으셔요. 엄마가 인사 전해달라고 하셨어요."

아버지의 사무실 옆방에 마침 제과회사 빌로자Villosa[63]의 판매상이 자리 잡고 있었다. 그녀는 잽싸게 그 가게로 가서 빌로자 사탕을 한 움

---

63. 유명한 제과 기업.

큼 꺼내와 롤프의 외투 주머니 속에 작별의 선물로 집어넣어주었다. 그 아이는 정중히 감사를 표했고, 그녀와 한 번 더 악수를 한 다음 떠났다. 뒤돌아서서 문밖으로 나가던 그 아이의 모습을 마를리스 망케는 결코 잊을 수가 없다고 말한다.

다음 날인 1941년 10월 22일, 롤프와 그의 엄마는 도이츠-티프Deutz-Tief 역에서 출발해서 로취Lodz로 강제 이주되었다. 그 이후로 그들의 흔적은 알 수 없었다. 그들은 실종된 것으로 간주되었다.

종전 후 게르다 렌네베르크는 사망한 것으로 공표되었다.

남미로 간 그녀의 남편 리카르트 렌네베르크에 대해서는 그 후 아무도 소식을 듣지 못했다.

미카엘가(Michaelstraße) 2번지 앞
걸림돌

"쐐기풀
제거하듯
제거해야
……"

요제프 요한 뭄부어(Josef Johann Mumbour, 1888~1945)

그녀가 단골손님들의 인기를 가장 많이 끈다는 사실은 언급할 필요
도 없었다. 손님 중 일부는 오로지 그녀를 보기 위해서 왔다.

홀의 불이 꺼지고, 무대가 신비스러운 조명으로 비추어지고, 막이 열
리고 나서 그녀가 그저 거기에 서 있기만 해도 팬들에게는 그날 밤 그
곳에 온 가치를 충분히 느낄 정도였다.

그녀는 몸에 딱 달라붙는 기다란 검은 원피스를 입고 있었는데, 무
엇보다 상당히 단단한 근육이 붙은 팔뚝이 눈에 띄었다. 당시 유행하던
끈으로 잠그는 구두를 신고, 단발머리에 목에는 화려한 목걸이를 걸고
있었다. 게다가 커다랗고 하얀 부채를 애교가 넘치게 흔들면서 낮은 허
스키 음성으로 노래를 시작하면, 그 홀 안에선 탄성이 터지곤 했다.

'틸라Tilla, 익살맞은 쾰른의 여인'은 쾰른 시 밖으로까지 그 명성이
자자할 정도로 독특한 존재였다.

때때로 틸라는 '동료' 레지Resi와 함께 출연하기도 했다. 레지의 특기
는 알록달록한 층진 치마를 입고 캐스터네츠로 장단 맞추며 추는 '카르

멘 춤'이었다.

본명이 요한 벨슈인 '익살맞은 퀼른의 여인'과 '이국적인 카르멘'은 이성異性 모방 예술가들이었고, 키가 훤칠하고 늠름한 40세가량의 남자들이었다. 그들은 1920년대 가장 유명한 여장 예술가로 꼽혔고, 퀼른에서 가장 유명한 동성애자 유흥업소인 '잠자는 숲 속의 미녀'에 고정 출연했다. 틸라는 그 유흥업소에 고용되기 전에 이미 '호텔 줌 아들러Hotel zum Adler'에서 승승장구했었다.

'틸라, 익살맞은 퀼른의 여인', 본명 요한 벨슈 (Johan Welsch).

바르바로사Barbarossa 광장 근처 프리드리히가Friedrichstraße 15번지, 바이덴바하Weidenbach의 범죄 수사반 건물 바로 맞은편에 자리 잡고 있는 '잠자는 숲 속의 미녀'는 이 시절에 가장 휘황찬란한 퀼른의 유흥업소로 꼽혔는데, 그야말로 관객을 완전히 매료시킬 정도의 분위기를 갖추고 있었다.

프리드리히 하이드만Friedrich Heydmann은 1920년대 중반에 그 업소를 열었다. 1928년에 그는 그 업소를 '인권연맹Bund für Menschenrechte'[64]을 위한 클럽으로 만들었다. 형법 제175조, 소위 '동성애자 조항'을 없애고

64. 1920년에 독일 우정연맹(Deutscher Freundschaftsverband)이란 명칭으로 건립된 연맹을 1923년에 프리드리히 라추바이트(Friedrich Radszuweit, 1876~1932)가 회장을 맡으면서 인권연맹으로 개명했다. 이 연맹의 주된 안건은 동성애자들을 보호하고, 형법 제175조를 폐지하는 것이었다.

자 하는 운동도 그 기관의 사업 중 하나였다.

'잠자는 숲 속의 미녀'는 두 공간으로 나뉘어 있었다.

입출구가 딸린 앞쪽 공간의 바Bar로 젊은이들이 술을 마시러 오기도 했다. 뒤쪽에 있는 큰 홀에서는 흥겨운 파티가 열렸다. 주로 크리스마스 파티, 망년회, 사육제 무도회 등이었다. 거기서는 강연회, 낭송회, 카바레, 버라이어티 쇼도 열렸다. 게다가 그 업소에는 탁자마다 고객들 간에 서로 통화할 수 있는 전화기가 설치되어 있었다. 이와 같은 최첨단 커뮤니케이션 수단은 엄청난 인기를 끌었다. '잠자는 숲 속의 미녀'와 그 다양한 인기 이벤트에 대해 당시의 증인이 다음과 같이 쓴 적이 있다.

눈썰미가 있는 자라면 '잠자는 숲 속의 미녀'가 워낙 한가한 프리드리히가에 위치해 있었기에 대조적으로 어떤 업소인지를 쉽게 알아볼 수 있었다. '잠자는 숲 속의 미녀'에서 나와서 신사들은 젊은 청년들을 데리고 거리를 배회하다가 건너편에 놓인 '포도밭에 zur Traube'라는 업소로 향했다. 말하자면 '잠자는 숲 속의 미녀'에서 동성애자들은 일단 서로 사귀고 나서, '잠자는 숲 속의 미녀'의 떠들썩함을 피하여 즉흥적으로 '포도밭에'로 옮겨 갔다.

'잠자는 숲 속의 미녀'는 여러 기능을 동시에 갖고 있었다. 그 업소는 커뮤니케이션의 가능성을 제공하고, 사교의 조직망을 지킬 뿐만이 아니라, 동성애자들이 보호받으며 만날 수 있는 공간도 제공했다. 동성애자들은 이곳에서 각자 흩어져 친구들을 만나기도 하고, 강연을 듣고, 토론을 하고, 정치적 참여도 할 수 있었다. 이곳에서는 정치적 압박에 시달리거나 사회적 멸시에 대해 계속 경계해야 할 필요가 없었다.

1871년에 남성 사이의 동성애는 전 독일제국에서 형사적으로 처벌되며, 징역형을 받을 수 있다는 제국 형법 제175조가 새로이 제정되었다. 종전에는 동성애가 라인란트Rheinland 주에서는 형벌 대상이 아니었다. 여성 동성애자들에게는 형법 제175조가 적용되지 않았지만, 그녀들도 사회적으로 배척당했다. 이렇듯 법적 상황이 불리함에도 불구하고 제국 시절과 바이마르공화국 시절에 대도시에서는 동성애 문화가 꽃피기 시작했다. 동성애자들의 바Bar, 독자적인 잡지, 문화와 오락 행사, 클럽 그리고 심지어 제175조를 폐지하려는 정치적 조직도 생겨났다.

특히 20년대 황금기에는 개화의 분위기, 즉 개방적이고 관대하며 새롭고 창의적인 것에 대해 깨인 감각을 지닌 새로운 사회적 풍토가 조성되었다. 그 기간이 단지 숨 한 번 들이마실 정도나 날갯짓 한 번 할 정도로 짧았다 하더라도 후일 사람들이 그때를 회상하며 명명하듯 '정녕 잃어버린 청량함의 시대'였다.

비록 옛날의 선입견과 배척, 비방이 완전히 사라지지 않았다 하더라도 상당히 개방적인 분위기 속에서 동성애자들은 그들의 삶에 대해 여전히 방해받지 않고 있었다. 1920년대 초반의 보고에 따르면, 어쨌든 쾰른에서는 동성애자들을 수색했다는 사실이 없다. 마찬가지로 동성애자들을 위한 업소가 경찰의 감시와 위협을 받거나 허가증을 박탈당했다는 보고 또한 존재하지 않았다. 이러한 풍토 속에서 동성애자들의 모임 장소들은 방해받지 않고 번창했다. '잠자는 숲 속의 미녀'도 역시 그러했다.

그곳에 때때로 이른 저녁 무렵이면 한 남자가 나타나 우선 입장권을 점검한 후에 이 테이블 저 테이블로 고객들을 찾아다니며 인사했다. 그렇지 않으면 그는 항상 눈에 띄지 않게 뒷자리에 머물렀다. 그는 바로

1930년대의 '잠자는 숲 속의 미녀'에 대한 신문광고.

'불투명한 예하睨下'[65], 즉 '잠자는 숲 속의 미녀'의 지배인 요제프 요한 뭄부어였다.

그가 이미 뒤셀도르프에서 여러 선술집Kneipe의 소유자 겸 매니저로 눈에 뜨일 만큼 많은 경험을 쌓은 바 있었기에, 프리드리히 하이드만이 그를 고용했음이 분명했다. 하이드만과 그 업소의 대다수 단골손님들처럼 지배인인 뭄부어도 역시 '인권연맹'의 회원이었다.

1920년대 중반쯤에 그는 뒤셀도르프에서 쾰른으로 흘러 들어왔다. '잠자는 숲 속의 미녀'를 짧은 기간 안에 완전히 자기 스타일로 바꾸어 번창시키는 데 공헌한 뭄부어는 애매모호하고 상당히 불투명한 존재였다. 그가 업소를 맡았을 때에 이미 그는 아주 파란만장하고 동시에 깔끔치 못한 이력을 갖고 있었다. 그 이력의 대부분은 오늘날 어둠 속에 묻혀 있다. 요제프 요한 뭄부어에 대해 밝혀진 사실들은 대부분 나치 시절 관공서의 서류에 근거하고 있다.

요제프 요한 뭄부어는 1888년 7월 12일 에센-후트롭Essen-Huttrop의 가톨릭 가정에서 출생했다. 아마도 이 가족은 원래 벨기에나 룩셈부르

---

65. 가톨릭의 추기경의 명칭.

크에 그 뿌리를 두고 있는 것 같다. 그는 초등학교를 졸업하고 소파 제작공과 실내장식 견습공 과정을 이수했다. 이 직종의 장인 시험에 합격한 후 그는 즉시 에센에서 자영업을 시작했고 1906년에 결혼했다. 뭄부어는 자녀를 11명이나 두었다. 이러한 대가족 살림에도 불구하고 그는 무척 비일상적이며 비관습적으로 살았다. 결코 한 장소

요제프 요한 뭄부어.

에 오래 머물지 못하고 자주 옮겨 다녔다. 1910년에는 자신의 사업을 접고 에센에서 뒤셀도르프로 이주했다. 그곳에서 그는 1차 대전이 일어나기 전과 종전 후 다시 '연주회 궁전Konzertpalast'의 지배인 직을 맡았다.

1920년 그는 또다시 이주했다. 이번에는 민박업소를 운영하기 위해 암스테르담으로 갔다. 이주할 때마다 매번 아내와 아이들을 모두 데리고 갔는지는 알 수 없다. 어쨌든 1924년 그는 돌연히 쾰른에 나타났고, 미하엘가Michaelstraße 2번지의 주택으로 이사했으며, 한동안은 그가 견습한 가구 제작과 실내장식 전문가로 일하면서, 한편으로는 여러 유흥업소에서 지배인으로 일했다. 아마도 그에게는 이 요정의 아주 특별한 분위기가 마치 숨 쉬는 데 필요한 공기처럼 여겨졌던 것 같다.

뭄부어가 오로지 동성애자라는 사실을 숨기기 위해 위장 결혼하여 가정을 꾸민 것 같지는 않다. 그러나 분명한 것은 그가 양성애자였다는 사실이다.

그는 거듭된 성적 범행과 또 다른 범행 때문에 법적 갈등을 겪었다. 1922년 뒤셀도르프에서 사기죄, 1925년 쾰른에서 '변태적 외설'죄, 1926년 쾰른에서 장물죄로 판결받은 사실이 기록되어 있다. 게다가 '영업 위

반'이나 '금지된 가창과 무희'로 인한 위반 사례들이 추가되어 있다. 그 것은 그가 주점이나 음식점 영업 허가증을 받지 않았음을 의미한다. 이 러한 약식 사건들이 주로 소정의 벌과금을 물거나, 불구속 입건으로 처 리되었다는 사실은 그가 경범죄를 범한 자로서 정치적으로 불안정한 시기에 합법과 불법의 경계에서 생계를 유지하려고 했다는 사실을 보 여준다. 게다가 그의 이력에는 규칙적으로 성적 범죄가 드러난다. 쾰른 재판소는 1927년 10월 27일 그에게 4개월의 징역형을 선고했다. 소송 기록을 보면 다음과 같이 판결하고 있다.

판결 이유: 변태적 외설

그는 1924년과 1927년 사이에 견습공 하인츠Heinz W.와 변태적 음란행위를 범했다. 그러므로 그는 형법 제175조에 따라 처벌되었 다. 증인 W.가 14세가 되기 전에 이미 성관계를 가졌는지는 입증되 지 않았다. 그 소년은 겨우 14세에 불과하므로 뭄부어를 가중처벌 하였다. 그가 참회의 자백을 했으므로 처벌을 일부 감경했다.

'황금의 20년대'가 끝나가고 정치적 바람이 방향을 바꾸자 뭄부어는 점점 깊이 형사 법정의 맷돌 속으로 빨려 들어갔다.

이미 나치가 정권을 잡기 몇 년 전부터 눈에 띄게 동성애자들에 대 한 압박이 심해졌고, 사회적 분위기가 거칠어지기 시작했다. '남색'이나 '제국 형법 제175조를 근거로 한 협박' 때문에 신고도 잦아졌다. 남성이 나 여성 동성애자들의 공개적인 무도회나 회합 등은 금지되었다. 유흥 업소들은 수색당했고, 체포된 자들은 심문을 받았다.

쾰른의 '시립회관과 접객업소 위원회'는 1927년 9월 유명한 성性 연구가 마그누스 히르슈펠트^{Magnus Hirschfeld}[66] 박사에게 귀르체니히^{Gürzenich} 홀을 강연 장소로 임대하는 것을 거부했다. 그 대신 제국 강당 극장에서 히르슈펠트는 '사랑에 대한 권리-성의 위기'란 제목으로 강연을 해야 했다. 1928년과 1930년에도 그와 비슷한 강연 신청들이 거부되었다. 1930년 5월 7일자 라인 지역 신문 『Rheinische Zeitung』은 '위원회'의 그러한 태도에 대해 다음과 같이 비꼬고 있다.

위원회의 태도가 점점 제멋대로 되어가고 있는 듯 여겨지는데, 그 이유는 동일한 회의장을 나치 로베르트 라이_{Robert Ley}와 같은 부류의 저속한 떠버리들은 아무 때고 사용할 수 있으니 말이다 (……).

3년 후 바로 그 '저속한 떠버리들'은 게임에서 이겼다. 1933년 1월 나치들이 정권을 잡자마자 남성과 여성을 막론한 동성애자들의 정치적 조직, 연합, 잡지 등이 금지되고 그들이 모이는 영업소들도 문을 닫아야 했다.

그리하여 '잠자는 숲 속의 미녀' 역시 같은 운명을 맞게 되었다. 1933년 성회_{聖灰} 수요일[67]이 업소의 영업 마지막 날이었다.

지금까지 종업원들의 우두머리였던 자가 나치 돌격대원이라는 정체를 드러냈고, 기습적으로 그 업소를 넘겨받아 즉시-아이러니하게도!-나치 돌격대의 유흥업소로 변신시켰다.

---

66. 1868~1935, 유태 출신의 독일 의사, 성 연구가.
67. 부활절 전 46일째의 수요일로서 4순절의 제1일, 사육제의 이튿날이 되면 신자는 참회의 뜻으로 이마에 성회를 바름.

돌격대 지도자인 에른스트 룀Ernst Röhm은 까놓고 동성애자임을 표방했고, 그가 인권연맹의 회원이었지만 동성애는 근본적으로 새 권력자의 이념에 맞지 않았다. '생식력을 소모해버리는' 남성 동성애자들은 나치즘의 인구 및 종족 정책에 있어 위험한 존재였고, '인구 정책적 불발탄'이라고 모욕당했다.

스스로를 풍기 단속자라고 칭한 친위대 총 지도자 하인리히 힘믈러 Heinrich Himmler는 이미 동성애자들에 대해 골이 들어 있는 발언을 한 바 있다.

> 우리가 이 패륜을 독일에서 계속 퇴치하지 못한다면 그것은 독일의 종말과 또한 게르만 문화의 종말을 뜻한다는 사실을 우리는 분명히 깨달아야 한다. 우리에게는 유감스럽게도 우리의 조상 시절처럼 그리 간단하지 않다. 조상 시절에는 남색가로 불린 동성애자들을 진창에 빠뜨렸다. (……) 그것은 형벌이 아니라 변태적 삶의 말살을 뜻했다. 그러한 변태적 삶은 쐐기풀을 뽑아내어 산더미처럼 쌓아 태워버리듯 그렇게 제거되어야 한다(……).

결혼과 모성을 중요시한 나치의 여성 이념에 따라 동성애는 금지되었고, 여성 동성애자들은 결혼을 강요당했다. 나치는 레즈비언들도 소위 '모성 전선'에 당연히 투입 가능하다고 생각했다.

1935년에 형법 제175조의 시행은 훨씬 엄격해졌고, 따라서 처벌도 강화되었다.

이제는 '육욕적인 눈짓'만으로도 처벌의 대상이 될 수 있었다. 그럼으로써 공갈, 협박, 모독, 비열한 밀고가 횡행했다. 남성 동성애자들은 친위대에 의해 가차 없이 모진 추적과 핍박을 받았다. 1936년에 '동성연애와 낙태의 퇴치를 위한 제국본부'가 설립되었다. 교도소와 강제노역장으로 보내지는 판결이 부쩍 늘어났고, 처벌 후에도 포로수용소로 이송되든가, 아니면 교도소에 다시 수감되는 경우가 잦아졌다.

'틸라, 익살맞은 쾰른의 여인'도 역시 이 운명을 피할 길이 없었다. '틸라'는 마우트하우젠Mauthausen 포로수용소에서 살해되었다.

'잠자는 숲 속의 미녀'가 문을 닫은 후 예전 종업원들은 모두 실직자가 되었다. 요제프 요한 뭄부어도 마찬가지 신세였다. 그가 이 기간 동안에 어떻게 생계를 꾸려나갔는지는 법정 문서에 근거하여 겨우 듬성듬성 재구성될 수밖에 없다. 그 문서를 통해 보면 그가 다시 여러 음식점이나 유흥업소에서 일했으며, 때때로 그 업소에서 거주했다는 사실을 알 수 있다. 그러나 그가 발 디딜 터전은 박탈당했고, 그 자신도 다시 뿌리박지 못했다.

그의 '범죄 경력'은 계속되었다.

그는 1933년에 횡령죄로 3주간, 1935년에 사기죄로 4주간 구속되었다. 1937년 7월 16일에 쾰른재판소는 후베르트Hubert B.라는 인물과 '제175조에 위반되는 반복 범죄'를 이유로 그를 또 처벌했다. 재판소는 판결의 이유를 다음과 같이 쓰고 있다.

1936년에 뭄부어는 '상수시Sanssouci'라는 업소를 떠맡았다. 그곳에서 B.는 뭄부어의 뷔페 일을 거들었다. 그 두 남자는 함께 영업소 집 한방에서 기거했다. 그곳에서 그들은 여러 번 패륜을 범했다. 뭄부어는 이 사실을 자백했다. 1936년 성탄절 때에 B.는 '코일렌코텐Keulenkothen'이란 업소에서 뭄부어와 일했다. 그때 뭄부어는 이 업소의 지배인이었다. B.는 모든 죄과를 부인했다. (······) 서신들 속에서 B.가 외도했을 때에 뭄부어는 그 사실에 대해 질투를 표명하고 있다. 법원으로서는 그것이 일방적인 주장이란 사실을 분명히 알고 있다. (······) 제175조 제3항에 입각하여 볼 때 뭄부어가 B.를 유혹한 사실이 입증될 수 없음이 확인되었다. B.가 이미 이 분야에 경험이 있었다는 그의 주장도 입증될 수 없다. B.에게 전과는 없다.

후베르트Hubert B.는 4개월, 뭄부어는 10개월간의 징역형을 선고받았다. 뭄부어는 수형생활을 1938년 1월 17일에 예정 일자보다 일찍 끝마쳤다. 아마도 모범적인 수감생활 덕분이었던 것 같다.

1938년 여름 쾰른에서 남성 동성애자들에 대한 '특별 수사'가 비밀경찰에 의해 방대하게 펼쳐졌다. 나치의 고위직에 있던 동성애자의 밀고로 그 수사는 착수되었다. 200명 이상의 남자들이 체포되어 판결을 받았고, 그중 대다수는 포로수용소로 끌려가 다시는 돌아오지 못했다. 몇몇 동성애자들에게는 '자진' 거세 수술만이 포로수용소로 끌려가지 않을 수 있는 유일한 방법이었다.

뭄부어는 한동안 들키지 않고 있었다. 그러나 1941년 1월 10일 그는 다시 쾰른에서 형법 제175조에 따른 범법행위를 이유로 1년 징역형을 선고받았고, 시민권도 3년간 박탈당했다. 쾰른 범죄수사반의 1941년 1월 29일자 조서가 여전히 존재한다. 그 조서에는 뭄부어가 '남색가'이며 악명 높은 '청소년 망치는 자'로 묘사되고 있다. 쾰른 범죄수사반의 그에 대한 보고에는 다음과 같은 내용이 적혀 있다.

왕년에 그는 동성애자들이 왕래했던 프리드리히가에 있는 유명한 '잠자는 숲 속의 미녀', 아우구스틴Augustin 광장에 있는 '상수시'와 홀츠마르크트Holzmarkt에 있는 '코일렌코텐'의 지배인이었다. 그런 업소에서 그는 언제나 특별히 동성애자들만 끌어들였다. 그는 반복해서 여러 번 형법 제175조를 위반했고, 다른 범죄에 대한 전과도 있다. 1940년 7월 12일자 제국안전보장회의 회문Runderlass des Reichssicherheitshauptamt, Anm. der Aut.-문서 번호 VB 1 Nr.1143/40에 따르면, 경찰의 예방 구속이 불가피한 것 같다. 왜냐하면 M.의 자유로운 매 시간은 우리의 청소년들에게 심각한 위험을 의미하기 때문이다. 1938년 반사회적인 인물들에 대한 방대한 수색 시에 뭄부어는 체포되었다가 다시 풀려났다. 그는 지금까지 전혀 후회의 기미를 보이지 않으며, 여전히 혐의 사실을 부인한다. 그의 아내는 지금까지 그를 구속 조치로부터 구해내는 데 성공했다. 그 아내도 뭄부어보다 나을 바가 없다. 그녀의 진술을 아주 주의해서 받아들여야 한다.

퀼른의 제3형사재판소는 그에게 미성년의 남자를 유혹하려 했다는 이유로 1년의 징역형을 선고했다. 그러나 그 미성년자는 "어떤 윤리적 피해도 입지 않았다." 뭄부어는 지그부르크Siegburg에 있는 교도소에 수감되었다. 퀼른 범죄수사반은 형을 다 치른 후에도 지그부르크 교도소에서 그를 퀼른으로 이송하도록 조치했다. '또 다른 범죄 동기'를 이유로 들고 있다. 1941년 11월 중순 뭄부어는 단체 이송으로 다시 퀼른으로 왔고, 퀼른 범죄수사반의 요청으로 그가 수용소에 갈 만한지, 노동 능력이 있는지를 알기 위해 건강진단을 받아야 했다. 담당 의사는 뭄부어가 서혜부 탈장(헤르니아 Leistenbruch)과 위장병을 앓고 있으므로 단지 조건부로 수용소에서 노동하는 것이 가능하다고 진단했다.

1942년 1월 그는 뒤셀도르프 지방 병원에서 수술을 받을 예정이었으나 그곳 의사들은 수술을 거부했다. 왜냐하면 뭄부어의 몸에 생긴 악성 종양이 이미 전이가 되었기 때문이었다. 뭄부어는 중환자가 될 위기에 놓였고, 그 즉시 구속 불능이었다. 그 후에 뒤셀도르프 지방 병원으로 딸이 와서 아버지를 데리고 갔다.

제국 범죄경찰Reichskriminalpolizeiamt은 그의 중병에도 불구하고 사정을 봐주지 않고 혹시 수용소에 갈 만한지, 노동 능력이 있는지를 알기 위한 새로운 진찰을 신청했다. 그리하여 그는 쾰른법원 교도소의 참사관이자 의료관인 모켄하우프트Mockenhaupt 박사에 의해 진찰을 받았다. 뭄부어는 분명히 암을 앓고 있지 않으며, 서혜부 탈장은 수술로 치유할 수 있다고 그 의료관은 진단을 내렸다.

1942년 9월 말경에 쾰른 범죄수사반은 '상습적 범죄자' 뭄부어를 경찰이 상시적으로 감시할 것을 지시했다. 이 '감시'를 다른 말로 하자면, 허락 없이 주거지를 떠날 수 없음, 야간에 집 이외의 곳에 거주할 수 없음, 미성년의 남자를 자기 집에 숙박시킬 수 없음, 집 열쇠를 제출할 의무와 1주일에 한 번 경찰에 보고할 의무가 있음 등이었다. 뭄부어는 이 의무를 위반할 경우 포로수용소로 끌려갈 것이라는 협박을 받았다. 쾰른 범죄수사반은 1943년 2월 11일자 보고서에서 그러한 위반 사항을 확인했다.

20대의 한 젊은 남자가 절도죄로 체포된 사건이 있었다. 심문 과정에서 그가 뭄부어의 업소에서 불법으로 일했다는 사실이 확인되었다. 뭄부어가 여러 번 그의 엉덩이를 만지작거렸지만 그는 뭄부어를 거부했다고 증언했다(……).

뭄부어는 또다시 체포되었다. 제국 범죄경찰에 따르면 그는 '청소년 유혹자'로서 재범행을 하였다. 뭄부어는 처음 조치로는 단체 강제 이송으로 다하우Dachau로 보내져야 했으나, 공습으로 인해 또다시 지그부르크에 감금되었다가 수감명령이 임박한 상태에서 알 수 없는 사유로 1943년 7월 15일에 풀려나 비엔나Wien로 도주했다. 그곳에서 1943년 10월 초 그는 다시 체포되었고, 곧바로 쾰른으로 이송되었다. 쾰른에서 그는 미성년자를 유혹했다는 혐의에 대한 증거 부족으로 무죄 판결을 선고받았다.

이제는 거의 기계적으로 반복되는 절차에 따라, 쾰른 범죄수사반은 '수용소 거주 가능성과 노동 능력'을 판단할 진찰을 또다시 신청했다. 3월 1일에 수사반은 뭄부어가 나츠바일러Natzweiler 수용소로 옮겨질 것이라고 기재했다. 그리고 그렇게 실행되었다. 뭄부어는 그곳에 1944년 3월 17일에 도착했다.

3월 25일에는 '경찰의 예방 구속'을 허락하는 제국 범죄경찰의 서류가 뒤따라 도착했다. 요제프 요한 뭄부어는 그의 마지막 여행을 떠나야 했다. 나츠바일러에서 다하우 집단수용소로. 다하우에서 그는 1945년 2월 8일 사망했다.

"때려죽이고도-죽어도 말하지 않는다"

나치 정권 당시 희생된 동성애자들

1935년부터 1945년까지 나치의 법원은 5만 명이 넘는 사람들에게 동성애적 행위에 대해 유죄 판결을 내렸다. 만 명에서 만오천 명에 이르는 남자 동성애자들이 포로수용소로 끌려갔다고 볼 수 있다. 그곳에서 사망한 남자들이 얼마나 되는지는 자세히 알 수 없다.

종전이 동성애자들에게 완전한 해방을 가져온 것은 아니었다.

쾰른 근방에서 있었던 한 사례가 그러한 사실을 증언하고 있다. 그 동네의 한 질서 신봉자가 종전 후인 1946년에도 공공연히 지속된 동성애자 '감시'가 계속되어야 할지를 쾰른 경찰에 아주 진지하게 문의한 사건이 그 예이다.

종전 후에도 역시 동성애 때문에 핍박받은 자들은 공평한 취급을 받지 못했다. 뉘른베르크 재판에서도, 후일 나치에 대한 법적 소송에서도 동성애자들이 핍박받은 사실은 법적으로 다루어지지 않았다. 1935년 나치에 의해 강화된 형법 제175조의 검열은 연합군 정부와 마찬가지로 후일의 서독 정부에 의해서도 유효한 법으로 받아들여졌다. 서독 연방헌법재판소는 1957년에 인구 정책상, 또한 '윤리적'인 숙고 끝에 나치 법의 그 조항을 그대로 받아들이는 것을 용인했다. 그 숙고는 조금의 이음새도 알아볼 수 없을 정도로 매끄럽게 나치의 이념에 연결되었다. 나치에 의해 강화된 형법 제175조는 1969년까지 유효한 법조항이었다.

그래서 분홍색의 별을 달았던 남자들이-포로수용소에서 동성애자들에 대한 표시-나치 정권의 희생자였었다는 단순한 '인정'조차 오랫동안 받지 못했다. 일반적인 추모 행사에도 동성애 희생자들은 포함되지 못했다. 동성애자들을 범죄자로 또는 변태 성욕자로 치부했던 종전 후의 독일 사회 속에서 그들의 존엄성은 여전히 계속해서 파괴되고 손상되었다.

서독과 동독에서는, 말하자면 전쟁이 끝나고도 40년이 더 흐르는 동안 나치 정권 당시의 동성애자 핍박에 대해 '죽어도 말하지 않았다'. 서독연방 대통령이었던 리카르트 폰 바이체커Richard von Weizsäcker가 1985년 5월 8일의 연설에서 최초로 나치 테러의 희생자였던 동성애자들에게 추모를 표했다.

쾰른에-라인 강변, 호엔촐러른Hohenzollern 다리 바로 직전에-오랫동안 잊혀진 희생자 무리, 동성애자들을 기리는 추모비가 오늘날 세워져 있다.

"일하라,
영원히
살 것처럼.
기도하라,
오늘
죽게 될 것처럼."

베네딕트 슈미트만(Benedikt Schmittmann, 1872~1939) 교수

이번에는 모든 것이 달랐다.

창업시대에 지어진 작센링 26번지 저택 안에 있는 우아하면서도 진솔한 회식 공간은 손님들이 오면 아주 활기찼다. 활발하고 다양한 손님들은 반지르르한 검은 나무로 만든 식탁에 둘러앉았다. 세계적 명성을 지닌 학자, 겸손하고 수줍어하는 대학생들, 고위 성직자, 평범한 시골 목사, 작가, 외교관, 영향력 있는 정치가, 재능 있는 예술가, 중산층의 시민, 지위 높은 귀족, 라인 지방의 도시 귀족, 프랑스인, 러시아인, 중국인 등이 그들이었다. 그들은 항상 활발하게 대화를 나누었고, 열렬히 토론했으며, 때로는 기분 상할 정도로 언쟁을 벌이기도 했다. 세공된 녹색 포도주 잔은 라인 지방의 오래 묵은 포도주로 항상 가득 채워져 있었다. 손님 접대를 잘하는 라인 지방의 애국자에게는 그것은 당연한 일이었다.

그 수많은 손님들 가운데 한 분은 특별히 환영받았다. 파리에서 온 '메독Médoc'[68] 교수는 프랑스인임에도 불구하고 그는 라인 지방 포도주를 높이 평가했으며, 그 집주인의 절친한 친구였다.

집주인은 박식하고, 따뜻한 인간미를 지녔고, 유머가 넘쳤으며, 사람들을 모이게 하는 재주를 지녔다. 그는 작센링의 저택을 정신적 교환을 도모하고 사교적인 삶을 조성하는 중심지로 만들었다. 동료, 따르는 제자, 국내외의 친구 할 것 없이 그들 모두는 하나의 공통점을 갖

베네딕트 슈미트만 교수.

고 있었다. 그것은 그들이 매번 이 집을 방문할 때마다 개인적인 시야를 넓힐 수 있었다는 점이다.

그런데 이번만은 모든 게 달랐다. 1934년의 봄날, 집주인과 그의 친구 둘만이 널찍한 회식 공간에 놓인 큰 식탁에 앉아 있었다. 목소리 톤은 낮게 가라앉았으며 분위기도 침울했다.

"어떻게 생각하십니까? 이 정권이 얼마나 버티리라고 보십니까?"

파리에서 온 손님이 물었다.

"오래 걸릴 것입니다"

집주인이 걱정스러워하며 대답했다.

"전략상 중요한 지위를 범죄자들과 전과자들이 모두 차지하고 있습니다. 그자들은 자기들의 보잘것없는 껍데기 외에는 잃을 것이 없기 때문에 마지막까지 그 자리를 지키려고 할 겁니다……."

이는 집주인 베네딕트 슈미트만의 선견지명 있는 대답이었다.

---

68. 프랑스 남서부에 있는 반도로 보르도 시가 그 반도에 자리 잡고 있으며, 메독은 세계에서 가장 유명한 포도주 생산지이다.

그는 쾰른 대학 사회학과 정교수였고, 위에서 묘사했듯이 새로이 정권을 잡은 자들에 대해 나름대로의 경험을 통해 베를린에서 정보를 얻을 수 있었다.

수년이 지난 후 파울루스 렌츠-메독Paulus

작센링 26번지, 슈미트만 저택에 있는 회식 공간.

Lenz-Médoc 파리 소르본느Sorbonne 대학의 철학 및 역사학 교수는 자신의 회고록에서 베네딕트 슈미트만 교수와의 마지막 만남에 대해 이렇게 적고 있다.

폭력적 정권의 구조를 이렇듯 정확히 꿰뚫어 보면서도 베네딕트 슈미트만은 망명을 거부했다. 망명하는 것은 마음에 내키지 않았다. 그는 낯선 곳에서의 비참한 숙명을 두려워했다. 심지어 외국 대학들이 존경을 표하며 초빙했음에도 불구하도 그는 떠나지 않았다. 이국땅에서 향수에 시달려 죽을 것인지, 아니면 고향땅에서 인간성을 짓밟는 체제의 반대자로 죽을 것인지는 그에게는 더 이상 스스로 결정할 수 있는 선택의 여지가 없다고 여겨졌다(……).

새 정권은 초기부터 빙 돌리지 않고 즉각 베네딕트 슈미트만과 같은 교수는 새 정권에서는 설 자리가 없다는 사실을 분명히 했다. 나치가 정권을 잡자마자 그는 비밀경찰의 소위 'A-색인카드'에 분류되어 기록되었다. 그 색인카드는 반체제 인사와 반역자들에 대한 목록이었다. 그들은 주로 바이마르공화국 시절의 국가공무원이거나 국회의원이었다. 그들은 지도자적 성향을 갖고 있고 현재와 미래에 위험 가능성을 내포하고 있기 때문에 만약 그들이 나치 정권의 반대자들을 선동할 경우 가장 먼저 체포하여 처리해야 할 인물들이었다. 바로 이 색인카드에서 베네딕트 슈미트만은 "분권주의적 성향을 지닌 라인 지방의 연방주의 지도자"로 묘사되고 있다.

그는 '라인 지방의 분권주의자'일 뿐만 아니라 열성적인 가톨릭 신자, 즉 가톨릭 사회이론의 대표자이자 옹호자로서 또한 독일 가톨릭 신자의 제국과 지방연맹의 건립자로서 나치 정권의 미움을 한층 더 샀다.

그는 제국 개혁의 여러 방안 중에서 특히 제국의 지역을 새로이 분류할 것을 제안했다. 왜냐하면 프로이센 주가 과도한 주도권을 잡고 있는 유럽에서 또다시 전쟁의 싹이 트고 있는 사실을 그는 예리하게 간파했기 때문이었다. 슈미트만의 구상은 연방주의적 모형에 따라 제국을 건립하는 것이었다. 그는 다른 주에 대한 프로이센 주의 영향력이 줄어들어야 한다고 보았다.

베네딕트 슈미트만은 또 히니의 간절한 소망으로 인해 나치의 눈에 더욱 의심스럽게 비쳐졌다. 그는 민족 간의 의사소통, 특히 프랑스와의 화해에 심혈을 기울였다.

그렇기에 그 교수가 1933년 1월 30일 직후에 나치의 일련의 폭압적인 조치를 몸소 느껴야 했던 사실은 더 이상 놀랄 만한 일이 아니었다. 국회의사당이 불타고 나서[69] 한편으로는 고분고분하고 다른 한편으로는 눈이 먼 국회의원 대다수에 의해 전권 위임법이 바로 통과되자마자, 갈색(즉 나치)의 오합지졸은 즉시 작센링에 있는 베네딕트 슈미트만의 저택으로 쳐들어왔다. 나치는 그 집주인을 쾰른에 있는 클링엘퓌츠 Klingelpütz 감옥에 보호 수감했고, 종당에는 그에게 교수 자격까지 박탈했다.

라인 지방 당국으로부터 업적에 대해 대단한 인정을 받았고, 수년간 쾰른 모교의 명성 높은 교수들 중 한 사람이었으며, 정치 참여로 상당한 존경을 받았던 저 유명 인사가 마치 나쁜 범죄자인 양, 조국과 교수직을 배반한 자인 양 끌려가 수감되었다. 그의 아내가 친분 있는 국회의원에게 베를린에서 직접 중재해줄 것을 부탁해서 5주 후에 그는 다시 풀려나긴 했지만, 그럼에도 불구하고 베네딕트 슈미트만은 재앙이 단지 연기되었을 뿐이지 제거되지 않았음을 예감했다.

그 예감은 곧 적중했다.

심문이 따랐고, 쾰른에서 잠정적으로 강제 추방당했으며, 반역을 이유로 징계 절차가 진행되었고, 3년 후 1936년 7월에 다시 교수직이 정지되었다. 이와 같이 생명을 위협하는 모략을 경험했음에도 불구하고 베네딕트 슈미트만은 단호히 이민 가지 않기로 결정했다. 벨기에의 뢰벤 Löwen 대학의 초빙도 그의 결정을 뒤바꿀 수 없었다.

새로이 정권을 잡은 자들을 규탄하기 위해 시도했던 모든 저항들이 수포로 돌아갔다. 그래서 슈미트만 교수는 1933년 4월에 특별한 사명을 갖고 로마로 떠났다. 그곳에서 그는 교황의 전권대사이자 추기경 서기관인 오이게니오 파첼리Eugenio Pacelli-차기의 교황 피우스 12세Pius XII.-

---

69. 1933년 2월 27일에서 28일 밤사이에 베를린에 있는 국회의사당이 방화를 당했다. 선거(3월 5일)를 닷새 앞두고 독일공산당(KPD)과 사회당(SPD)에 죄를 뒤집어씌워 민심을 조종하기 위하여 나치 정당 스스로가 방화했을 가능성이 높다고 역사가들은 분석한다. 이 사건 이후로 나치는 마르크스주의에 전면 대항할 것을 선포했고, 즉시 공산당원들 다수(베를린만도 1,500명 이상)를 체포하고 사회당에게도 선거운동을 금지했다.

에게 새 나치 정권의 위험성에 대해 경고하려고 시도했다. 아주 형식적이며 냉랭한 교황 피우스 11세를 접견한 후에야 슈미트만은 자신의 호소가 허사였고 그의 경고가 받아들여지지 않았다는 사실을 확인할 수 있었다.

1933년 봄의 이러한 날들 이후로 모든 것이 명주실 한 가닥에 매달려 있는 것과 다름없는 상황을 그는 몸소 느꼈다. 그 한 가닥의 명주실은 1939년 9월에 끊어질 운명이었다.

베네딕트 슈미트만은 단지 나치의 단호한 반대자일 뿐만 아니라, 이미 바이마르공화국 시절부터 남다른 관점에서 사고함으로써 여기저기에서 상당히 괴팍한 인물로 평가되곤 했다.

사물을 반대 방향에서 고찰하고, 일절 타협 없이 유용성과 적정성에 대해 조명해보면서 개개인의 안녕을 유지하고 기독교의 인간상을 상실하지 않는 것이 그의 생각과 행동의 원칙이었다.

"일하라, 마치 영원히 살 것처럼. 기도하라, 마치 오늘 죽게 될 것처럼"

그는 항상 위의 신조에 따라 살려고 노력했다. 이러한 자세는 아마도 부모로부터 훈육된 듯싶다.

베네딕트 슈미트만은 1872년 8월 4일에-독일제국 건립 1년 후-뒤셀도르프의 부유한 사업가의 아들로 태어났다. 그는 라인 지방의 전통 깊은 가톨릭 집안, 중산계급의 보수적인 환경에서 성장했고, 당시의 '착한 아이'의 모든 성향을 갖추고 있었던 것 같다. 그는 경건했고, 부지런했고, 성실했으며, 근검절약했다. 뒤셀도르프의 김나지움을 마친 후 그는 일단 로마에서 문화사를 전공했고, 그런 다음 프라이부르크Freiburg, 라이프치히Leipzig, 본Bonn에서 법학을 전공해 1897년에 박사학위를 받았다. 본에서 공부하던 시절에 콘라드 아데나우어Konrad Adenauer와 맺은 우정은 그가 죽을 때까지 지속되었다. 1903년에 그는 덕망 있는 쾰른의 공장주의 딸, 헬레네 발렌Helene Wahlen과 결혼했다. 헬레네 발렌의 조부는 쾰른 시의 에렌펠트Ehrenfeld 구역의 건립자였다.

젊은 베네딕트 슈미트만은 정의에 대한 예리한 감각과 연민의 정을 지닌 사람이었다. 그 사실을 증명해줄 모든 자료들은 일치한다. 이웃의 가난한 자, 병자, 약한 자에 대한 염려는 그의 정치적 참여의 동기였고, 그렇기에 그가 실천적인 사회봉사에 헌신하기로 결정한 것은 당연한 결과였다.

1906년에 그는 라인 지방 주정부의 고문의원과 복지사업 의장으로 임명되었다. 이 직책에 있는 동안 그는 시민 스스로의 책임감, 자치성, 자조력自助力을 강화하기 위해 주정부가 어떻게 원조해야 할지를 고안했다. 이 시기에 또한 국민병이었던 결핵을 퇴치하고자 열심히 싸웠고, 국제적인 명성까지 얻게 되었다. 1913년에 그는 쾰른의 지방자치단체와 사회복지를 위한 행정직의 인재 양성을 위한 전문대학의 사회정치학과 강사가 되었다.

슈미트만은 실천적인 사회봉사에서나 연구직을 수행할 때나 다름없이, 인격 형성과 양심 교육의 기반으로서 개인의 자유와 책임을 특별히 보호하고 장려해야 한다는 입장에서 출발했다. 국가적 차원에서 사회법을 제정하거나 복지사업을 벌이는 것을 그는 거부했다. 그렇게 되면 사람들이 그저 단순히 국가의 보호를 받아들이고, 자신과 사회에 대한 스스로의 책임을 느끼지 못하게 되리라고 믿었기 때문이었다. 슈미트만의 의견에 따르면 사회정치적 규범은 1차적으로 자립성을 고무하고, 책임의식을 장려하는 것이었다.

그는 1917년에 『제국 거주보험』에 관해 저술함으로써 일찍이 독일 사회구조를 새로이 조직하는 데 기여한 바 있다. 그 저술에서 무엇보다 다자녀 가정의 주택 부족 문제를 다루었고, 아동연금에 대한 권리가 포함된 사회보험을 확대할 것을 촉구했다. 그 기본 이념은 이 보험 도입 시에 국가의 협조하에 시민 스스로 자치회를 조직해야 한다는 것이었다.

같은 해 그는 독일이 점령한 벨기에의 발론Wallon 지역의 교육청장직을 맡았다. 그곳에서 그는 벨기에의 교육제도가 무너지는 걸 막고 새롭게 확장해나갔다.

오랜 친구 콘라드 아데나우어는 1919년 그를 다시 개설된 쾰른 대학의 경제, 사회학과 교수로 초빙했다.

정치적으로는 슈미트만은 중앙당원으로 활동했고, 프로이센 주의 국회의원직을 맡았다. 그가 라인란트Rheinland, 니더작센Niedersachsen, 슐레지엔Schlesien에게 주의 자격을 줄 것을 강조하자, '분권주의자'란 호칭을 얻기도 했다.

슈미트만은 가톨릭 후생교리의 옹호자였다. 그 후생교리는 자연법, 신의 계시, 사회철학으로부터 형성되었고, 그 유명한 후생에 대한 교황 교서 '레룸 노바룸Rerum novarum', 즉 독일어로 '개선을 열망하며' 속에 그러한 이념이 가득 들어 있다. 후생에 대한 최초의 교황 교서는 교황 레오 13세Leo XIII가 1892년에 발표했는데, 그 속에서 사회문제 토론 시에 '후생 문제'에 역점을 둘 것을 강조하고 있다. 교황 교서의 기본 이념은 프롤레타리아의 잔혹한 노동 착취와 빈곤이 증가했던 산업화 시기에 적합했고 1차 대전 후 사회적, 정치적으로 곤경에 처했던 시기에도 새로이 긴급히 필요했다. 따라서 '레룸 노바룸'은 가톨릭교회의 후생교리와 윤리강령의 기반이 되었다.

슈미트만은 이 후생에 대한 교황 교서에 동의하면서 서로 상반되는 자본주의와 사회주의 사이의 절충안을 택하되, 경제적 측면에 초점을 두지 말고 인간 자체에 초점을 두어야 한다고 강조했다. 그는 다음과 같이 서술했다.

만약 법률을 개인의 주도성을 보조하기 위한 필수불가결한 단짝으로 인식하지 않는다면 그 법률은 효력이 없을 것이다. 그러므로 국민들 가운데에서 자신의 권리를 인식하고, 자신의 업무 속에서 그 권리를 실현하도록 하는 새로운 의식이 필요하다.

이러한 사회적 구상으로부터 정치적 구상도 그 양분을 공급받았다.

헌법이 실생활의 법으로 이해된다면, 역사적으로 전통이 되어버린 과제보다 더 중요한 과제를 국가가 갖고 있다는 사실이 분명해진다. 국가는 우선적으로 그 국민의 국가여야 함을 당연시해야 한다(……).

슈미트만의 시야는 독일의 경계를 넘어섰다. 1차 대전의 끔찍함을 겪은 후에 그는 오로지 새로이 조성된 유럽만이 평화와 복지의 보장이 될 수 있다는 확신에 이르렀다. 이러한 새로운 유럽민족 공동체에 대한 그의 구상을 그의 오랜 친구 렌츠-메독Lenz-Médoc은 다음과 같이 설명했다.

　한 국가 안에 여러 종족이 공존하듯 유럽의 민족들은 하나의 지역 연방으로 통일되어야 한다고 강조했고, 그 연방을 그는 "국제적 연맹의 길로 가는 필연적인 전 단계"로 보았다. (……) 그리고 이를 위해 그에게는 유럽이 어떤 방식으로 통일이 되어야 할지가 중요했다. (……) 그는 총괄적인 조직이 필요하다고 보았는데, 국가나 유럽연방이나 국제적 연맹이나 마찬가지로 그 모든 상호관계의 근본 원칙은 신뢰, 자유, 상호 간의 존중이어야 한다고 역설했다. "지구 전체로 번지게 될 전쟁, 즉 전쟁으로의 열광이 고조되는 것"을 그렇게 함으로써 막을 수 있으리라고 그는 생각했다.

슈미트만은 조국 유럽에서 그리스 문화, 라틴 문화, 게르만 문화가 함께 삼중주를 연주하게 되리라고 확신했다.

　지리적으로 유럽의 중심에 위치하고 있고, 당시 사회적 권리에 대한 인식이 싹트기 시작했으며, 연방국가 체제를 경험한 독일이야말로 바로 그 새로운 유럽의 조성에 적극적으로 참여해야 한다고 그는 굳게 믿었다. 그는 그 새로운 유럽을 창설할 때 러시아뿐만 아니라 영국도 제외시켜서는 안 되며, 그 실현을 위해 무엇보다 독일과 프랑스가 협력을 도모해야 한다고 보았다(……).

새로 창설된 유럽 안에서 사회적으로 공평하고 평화로운 독일을 그는 소망했다. 그러니 이 교수가 나치들의 억누를 수 없는 증오를 불러일

으켰음은 너무나 당연한 일이었다.

나치들은 지체하지 않았다.

1939년 9월 1일 독일군의 포탄들이 단치히 베스트플라테Danziger Westerplatte[70]에 터지기 시작하자마자, 즉 전쟁이 공식화되자마자, 쾰른의 비밀경찰관 2명은 새벽 5시 40분 작센링의 저택으로 수색영장을 갖고 들이닥쳤다. 그들은 침실 안까지 들어와 베네딕트

작센링 26번지, 슈미트만의 저택.

슈미트만을 체포하여 즉시 끌고 갔다. 그는 일단 감옥에 수감되었다가 1주일 후에 작센하우젠Sachsenhausen 포로수용소로 이송되었다.

그곳에는 그사이 끌려온 16,000명의 수감자들이 있었다. 모두 빡빡 깎은 머리에, 죄수복을 착용한 '범죄자들'이었다. 그의 학식 때문에 '교장선생'이란 별명으로 불렸던 슈미트만도 다른 수감자들과 마찬가지로 간수들로부터 욕을 얻어먹고, 쫓기고, 구타당하고, 발길로 차이기도 했다.

후일 함께 수감되었던 뒤셀도르프의 변호사 프리츠 마아제Fritz Maase 박사는 당시의 가혹행위에 대해 이렇게 회고했다.

만일 죄수들이 더 이상 전진하지 못하고 바닥에 눕게 되면 명령이 떨어졌다. "껑충껑충 뛰기!"

70. 지금의 폴란드의 그단스크(gdansk)로 2차 대전이 시작된 도시.

그렇게 하려면 무릎을 굽히고 양팔을 높이 치켜들어 양손으로 뒤통수에 깍지 끼고, 동시에 양다리로 아주 빠른 속도로 껑충껑충 뛰면서 앞으로 전진하여야 했다. 이 훈련은 공식적으로 '작센하우젠의 인사*Sachsenhäuser Gruß'로 불렸다(역자 주: 우리말로는 소위 '토끼뜀'이었다).

이 '인사'를 할 때 베네딕트 슈미트만은 기력이 다하여 땅바닥에 쓰러졌다. 감시대장이 와서 무거운 철판이 박힌 군화로 여러 번 그의 갈빗대를 걷어찼다. 고통에 겨운 나머지 슈미트만은 크게 소리 지를 수밖에 없었다. 마아제는 계속 회고한다.

슈미트만은 신음했다.

"나 더 이상 못하겠소!"

"아냐, 염병 앓을 놈, 너 할 수 있어"라고 대장은 악에 받쳐 고함쳤다. 말할 때마다 매번 그는 군홧발로 걷어찼다.

다시금 그 대장은 잔인한 사디즘을 총동원하여 슈미트만을 일으켜 세우려고 했다. 그는 고통스러웠으나 한 번 더 비틀거리며 일어섰다. 그러나 바로 그는 얼굴이 땅에 닿게 꼬꾸라졌고 더 이상 움직이지 않았다.

예쁘장하고 순진한 동안의 19세 청년이었던 감시대장은 그의 임무를 완수했다.

"교장선생은 끝장났다."

그를 그 장소에서 옮길 때 그의 마지막 신음은 아내에게 보내는 전갈이었다. 그의 발음은 거의 알아들을 수 없을 정도였다.

때는 1939년 9월 13일 수요일 정오 12시, 슈미트만이 그 지옥으로 들어온 지 사흘 만이었다.

수감자 베네딕트 슈미트만에 대한 공식 서류에는 그가 점호 시에 뇌졸중을 일으켜 사망했다고 적혀 있다. 시신이 안치된 관을 다시 열어서는 안 된다는 조건을 붙여 그 관을 가족에게 내준 사실도 그 조작에 걸맞다. 게다가 비밀경찰은 뒷조사를 받지 않기 위해 신문에 부고를 내지 못하게끔 하는 졸렬하기 짝이 없는 수작도 부렸다.

뒤셀도르프에 있는 북부 공동묘지의 가족 묘소에 베네딕트 슈미트만은 안장되었다.

그의 신실한 옛 친구 파울루스 렌츠-메독은 후일 다음과 같이 그의 진가를 평가했다.

사랑하는 고향과 독일제국의 이념과 서양의 문화에 대해 그가 감사한다는 사실을 우리는 이미 언급했다. 그의 마지막 원천은 더 깊은 곳에 놓여 있다. "하나님과 그의 계명, 곧 네 이웃을 사랑하라."

1946년 3월 24일 한 정치 모임에서 또 다른 옛 친구 콘라드 아데나우어는 베네딕트 슈미트만의 업적을 다음과 같이 추앙했다.

그는 나치즘에 반대하여 투쟁하다 생명을 잃은 몇 안 되는 교수들 중 한 분이다. 퀼른 대학은 그 순교자가 한때 자기 대학 교수진에 속했었다는 사실을 자부할 수 있을 것이다.

벤로어가(Venloer Straße) 23번지 앞
걸림돌

"배은망덕 –
그러리라곤
생각조차
하지 않았네……"

막스 쇠넨베르크 박사(DR. Max Schönenberg, 1885~1943)
에르나 쇠넨베르크(Erna Schönenberg, 1892~?) 처녀명 카우프만(Kaufmann)

퀼른의 나치 증거문서 보관본부의 역사학자인 바르바라 베커-야클리Barbara Becker-Jákli 박사는 질서정연한 걸 좋아하는 성격이라 그녀의 사무실은 늘 깨끗이 잘 정돈되어 있었다. 그렇기 때문에 더욱이 몇 년 전에 그녀의 책상 위에 때가 묻은 구두 상자들이 아슬아슬하게 높은 탑을 쌓은 듯이 놓여 있었던 사건은 동료와 방문객들을 의아하게 했을 것이다. 두꺼운 층을 이룰 정도로 먼지가 잔뜩 쌓인 상자들은 삭은 끈이나 늘어난 고무줄로 묶여 있었다.

그 상자들 안에는 편지 묶음, 일기장 조각들, 사진들이 들어 있었다. 누렇게 변한 편지 봉투에는 잉크로 쓴 주소가 알아보기 힘들 정도로 희미했고, 타자기로 쓴 항공 편지지는 아주 얇고 지금까지도 바스락거렸지만 구겨진 채 이미 색이 다 바랬다. 귀퉁이가 접혀 있고, 얼룩이 묻어 있는 걸로 미루어 보아 자주 읽혔다는 사실을 짐작할 수 있다.

쇠넨베르크 가족과 새로 장만한 자동차.

바르바라 베커-야클리는 그 직후에 곧 그 모든 편지의 수취인을 개
인적으로 직접 만나게 되었다.

호감이 가는 자그마한 체구의 한 노인이 '가족의 보물'을 쾰른 시에
기증하기 위해 이스라엘에서부터 독일까지 먼 여정의 길을 떠나왔다.
구두 상자 속에 있는 일기장의 한 쪽에 이 노인에 대한 이야기가 있다.

1920년 9월 18일

우리 사내아이는 잘 자라고 있다. (……) 며칠 전부터 이 아이는
점심때에 약간 야채를 먹는다(……).

1999년에 거의 80세에 가까운 노인으로서 바르바라 베커-야클리 앞
에 서 있던 그 당시의 '사내아이'는 로이벤 쇠넨베르크Reuben Schönenberg
란 이름을 가졌다. 원래는 레오폴드 쇠넨베르크Leopold Schönenberg, 또
는 부모님이 편지 속에서 칭했던 것처럼 '폴드Pold'라고 불렸다. '로이벤'
은 그의 히브리어 이름이다. 쾰른 시의 초청으로 그는 과거의 쾰른 유태
인들로 구성된 방문 그룹과 함께 다시 옛 고향 도시에 왔다. 그는 의아

해하는 바르바라 베커-야클리에게 부모님의 친필 유물 전부를 가져왔
다고 말했다.

"제 가족 중 그 누구도 더 이상 독일어를 사용하지 않으며, 후손
들 중 어느 누구도 이 문서들을 읽기 위해 새로이 독일어를 배우
려 하지 않을 것이라고 생각합니다. 그래서 저는 역사적 연구에 도
움이 될 수 있도록 이 모든 것을 나치 증거문서 보관본부에 기증
하고자 합니다."

한 가족의 삶의 증거물들은 몇몇 상자 속에 들어 있고, 그 운명의 흔
적은 색 바랜 종이에 부착되어 있다. 즐거웠던 일, 슬펐던 일, 우스꽝스
러웠던 일, 비극적이었던 일, 그리고 일상의 골칫거리에 이르기까지 쾰
른의 한 가정사의 다양한 면들을 보여준다. 그리고 더 이상 존재하지
않는 쾰른에 대한 기억과 이 상자가 없었더라면 잊혀졌을 사람들에 대
한 기억까지도 보존하고 있다.

수백 장의 편지와 엽서는 로이벤 쇠넨베르크의 부모, 막스와 에르나
쇠넨베르크에 의해 쓰였다. 쾰른에 남아 있던 쇠넨베르크 부부는 이민
간 친척들, 특히 팔레스타인에 사는 아들과 상하이에 사는 처남에게 보
낸 편지에서 1930년대 말기부터 1940년대 초기에 독일의 일상에서 벌
어진 무수한 사건들을 상세히 보고하고 있다. 그것들은 점점 심해지는
탄압, 제한, 협박 등이 따르는 정치적 변화나, 재물을 강탈당하고 심지
어는 강제 이송되는 내용 등이다.

당시의 상황을 정확하고 상세하게 기록하고 있는 그 편지들은 부부
의 예리한 관찰의 재능을 알아볼 수 있게 한다.

그 편지들은 수취인에게 여러 친척, 친구들의 상황도 아울러 알려주고 있다. 그 편지들은 필자 자신이 점점 소외되고 있음에도 불구하고 '바깥세상'과의 접촉이나 망명 중인 친지들과의 소통을 얼마나 절박하게 원하는지를 여실히 보여주고 있다. 사회적으로 온갖 차별 대우가 만연하고, 곤궁과 위협에 처했음에도 불구하고 놀랍게도 편지는 긍정적인 어투로 쓰여 있다. 열악한 상황에도 불구하고 두려움을 호소하지 않은 이유는 아마도 놀라울 정도로 강한 생존 의지와 인내 때문만이 아니라 외국에 사는 가족들에게 걱정을 끼치지 않으려는 배려 때문이었던 것 같다.

막스 쇠넨베르크 박사는 쾰른에서 이름난 의사였다. 그는 1885년에 함Hamm에서 사업가 집안의 아들로 태어났다. 본Bonn과 하이델베르크Heidelberg에서 의과대학을 마치고 1912년에 의사면허증을 취득했다. 1차 대전 시에 그는 군의 중위로 참전했었고, 철십자 훈장도 받았다. 참전 직후 그는 덕망 있는 쾰른 가정의 딸 에르나 카우프만과 결혼했다. 1918년 말경 그는 비스마르크가Bismarckstraße 38번지에서 병원을 개업하여 아주 잘 운영하였다.

1919년부터 그는 일기를 쓰기 시작했다.

막스 쇠넨베르크의 일기장은 1937년 4월에 비밀경찰에 의해 집이 수색당했을 때 압수되었다가 다시 되돌아왔다. 후일, 1938년에 막스 쇠넨베르크는 팔레스타인으로 아들 레오폴드를 방문하러 갔을 때 그에게 일기장을 맡겼고, 이제 노인이 된 아들은 그 일기를 복사해서 다시 쾰른으로 가져왔다. 원본은 오늘날 예루살렘에 있는 레오-벡Leo-Baeck[71] 재단에 보관되어 있다.

일기 내용은 환자에 대한 의사의 의견이나 정치적 상황 판단도 들어 있고, 가정의 재정적 상황을 살펴볼 수 있는 영수증과 4분기 결산표도 들어 있다. 막스 쇠넨베르크는 1919년 송년회 날에 다음과 같이 적고 있다.

정치적 상황은 계속 평탄치 못하다. 생계비는 점점 올라간다. 세금도 점점 오른다. 제국이 파산하지 않는다는 희망을 가질 수 있다면 세금을 기꺼이 내겠다. 난 그렇게 믿지 않는다. 또다시 파란만 장해질 것이다. 시민과 공무원의 대다수는 강력한 정부를 원한다.

올해 상반기에 나는 현찰을 입금했다: 2080.-M

대금: 1500.-M

9개월 동안 3000.-M 소득. 수공업자가 더 많이 벌 것이다(……).

이와 같은 초기의 어려움에도 불구하고 그는 대체로 만족했고, 문제를 해결해나갈 수 있다는 확신에 차 있었다. 게다가 1년 후엔 아들이 탄생하는 행복도 뒤따랐다. 그 의미 있는 날에 대해 그는 다음과 같이 쓰고 있다.

1920년 3월 15일

오늘 저녁 7시 15분에 에르나가 사내아이를 출산했다. 몸무게가 6.25파운드이다. 모두 정상이다. (……) 나는 출산을 돕지 않기로

71. 1873년 5월 23일~1956년 11월 2일. 진보적 유태교의 발전을 주장한 유명한 독일 랍비로 나치 정권 당시 테레지엔슈타트 포로수용소에서 살아남아 여생을 영국 런던에서 마쳤다. 그를 기리는 '걸림돌'이 베를린-쇤베르크 프리츠-엘자스(Fritz-Elsas)가 15번지에 박혀 있다.

단단히 결심했었다. 그러나 회음과 질구의 가벼운 파열로 인해 나는 꿰매는 시술을 맡아야 했다. 내부를 6바늘 꿰맸다.

오늘 반동보수주의를 거부하는 일반 파업이 벌어졌다. 캅Kapp 반란[72](······).

정치 문제와 더불어 친구와 친지들에 대한 의견도 다수 포함되어 있다. 보수적이고 출세한 의사가 한 친구의 감정의 혼란 상태에 대해 다음과 같이 주석을 단 것을 읽으면 그의 가벼이 치켜뜬 눈썹을 상상할 수 있다.

1920년 9월 19일

게오르그 로젠탈Georg Rosenthal은 또다시 기독교 여인과 약혼했고 이번 달이 지나기 전에 결혼할 참이다. 이상한 성인聖人! 이번 혼인은 첫 번째 혼인보다 더 행복하길 바란다.

쇤넨베르크는 점점 더 불안해하면서 정치적으로 불안정한 바이마르 공화국의 상황을 깊이 숙고하고 있다.

1923년 6월 23일

정치 상황은 소름끼칠 지경이다. 프랑스는 무기를 응시하고 있다. 프랑스는 우리를 밀어내려고 시도한다. 라인과 루르Ruhr 지방을 '감시'하려 한다. 베르사유 조약 이후 합병이란 단어는 금기되었기

---

72. 캅-뤼드비츠 반란(Kapp-Lüttwitz Putsch)이라고도 칭하며, 1920년 3월 13일에 일어난 바이마르공화국에 반대하는 반란.

때문이다. 영국은 프랑스를 견제하는 세력으로서 우리를 살려두지만, 영국은 아시아 지역의 이권을 얻기 위해 지나치게 프랑스의 눈치를 살피고 있으므로 우리를 위해 무언가를 할 정도는 못 된다.

반유태주의는 독일 땅에서 호경기이다. 1년 전에 라테나우Rathenau-아마도 이 자는 우리를 비참함에서 구해낼 수 있었으리라-는 유태인이라서 살해당했다(……).

1927년 6월 28일에 그의 가족은 에렌펠트Ehrenfeld 구역에 있는 벤로어가Venloer Straße 23번지의 큼직한 보금자리로 이사했다. 1935년에 과부가 된 에르나의 어머니와 지금까지 슈타트발트귀르텔Stadtwaldgürtel 87번지에서 살았던 에르나의 남동생 율리우스 카우프만 박사도 그 집으로 이사 들어왔다.

율리우스 카우프만은 아마도 많은 다른 가족에게서도 흔히 볼 수 있는 노총각 삼촌의 전형이었던 듯싶다. 친절하고 호감이 가지만 무언가 엉뚱한 면이 있고, 온갖 까다로운 습관을 지녔으며, 현실 감각이 부족했다. 그는 슈베르트호프Schwerthof에 변호사 사무실을 갖고 있었지만

막스 쇠넨베르크 박사, 아내 에르나 쇠넨베르크, 장모 엠마
(Emma) 카우프만, 아들 레오폴드.

변호사라는 직업에 특별한 열정 없이 종사했으며, 오히려 우표 수집과 같은 취미 생활이나 아니면 가족들이 느끼듯이 주로 그에게 '맞지 않는' 여성들과의 교제에 몰두했다.

특히 여성과의 교제에 있어서 결단을 내리지 못하는 우유부단한 성격 탓으로 퇴짜 맞은 여성들이 괴로울 정도로 해명을 강요하는 바람에 그는 자주 난처한 상황에 처했다. 'N. 양'은 특별히 질기게 굴었는데, 막스 쇠넨베르크의 편지 속에서도 그 여성은 불명예스러운 역할을 했다.

게다가 율리우스 카우프만은 심기증(건강 염려증)의 성향을 지녀 엄살이 심했다. 이러한 이유로 그는 누나가 의사와 혼인하는 것을 유난히 기뻐했다. 왜냐하면 드디어 자신의 끝없는 증상들을 쉴 새 없이 호소할 수 있는 상대자를 얻었기 때문이었다. 그러나 그는 잘못 짚었다. '율리우스 외삼촌'의 다양한 증상 호소는 막스를 신경질 나게 했다. 그래서 막스 쇠넨베르크는 1928년 11월 28일 처남의 '심장병 증상'에 대해 간결하고 건조하게 주석을 달고 있다.

> 에르나의 남동생 율리우스는 지난 몇 녀간 자주 그의 심장 이상에 대해 호소했다. 나는 아무 원인도 찾을 수 없으며, 그를 심기증 환자라고 여긴다. 나는 진료를 거부했고 다른 의사에게 넘겼다 (……).

일기를 보면 그는 자식을 애지중지하는 아버지라기보다는 냉정하게 관찰하는 의사임이 느껴지지만 그래도 막스 쇠넨베르크에게는 어린 레오폴드가 자랑스러웠다.

엠마 카우프만과 율리우스 카우프만 박사.

1921년 5월 29일

그사이 우리 아이는 잘 자랐다. 그는 작은 다리로 단단히 섰다.
유치 여섯 개는 모두 통증 없이 돋아났다. 큰 두개골은 거의 아물
었다. 아주 명랑하고 활기차다. 옹알이를 한다. 아갸갸 아갸갸, 빙
케 빙케winke winke.[73]

1932년 8월 21일에 쇤넨베르크는 어린 아들의 여름 캠프에 대해 적
고 있다.

폴드 마음에 꼭 드는 모양이다. 그 애는 아주 즐거워하며 눈
에 선하게 잘 묘사하고 있다. 맞춤법이 서툴고 글씨체가 엉망이다
(……).

어린 레오폴드는 뤼초브가Lützowstraße에 있는 유태인 초등학교를 다
녔고, 그 후에 한자링Hansaring에 있는 실업고등학교를 다녔다. 1933년

73. 어린아이의 손짓의 의태어.

175

직후 쇠넨베르크 부부는 아들을 독일에서 벗어나게 하기로 결심했다. 1937년에 부모는 아들을 팔레스타인으로 보냈다. 이 시점에서부터 쾰른에 사는 막스 부부와 이국땅에 사는 아들 사이에 빈번한 편지 왕래가 시작되었다.

> 쾰른, 1937년 2월 7일
> 내 사랑하는 폴드야,
> 오늘 아니면 내일 너희들은 하이파Haifa에 도착하겠지. 너희들은 브린디시Brindisi부터 하이파까지 분명 아름답고 인상 깊은 여행을 했을 것이다. 우리는 너로부터 소식을 듣게 되길 고대하고 있지 (……).
> 우리의 식탁은 이제 조그마해졌다. 우리는 네가 없다는 사실을 확실히 느낀다. 물론 식탁에 둘러앉을 때뿐만 아니라 매 순간 우리는 끊임없이 네 걱정을 한다. 그리고 거듭해서 네가 가는 길이 옳은 길이길 바라고 또 바란다(……).

쇠넨베르크 가족들은 먼 곳으로 떠나가는 아들을 기꺼이 마음속으로 뒤따라갔을 것이다. 편지는 주로 아버지가 썼고, 어머니는 끝에 "사랑하는 폴터헨(Polterchen, Pold의 애칭)"이란 인사말을 덧붙여 썼다. 부모는 레오폴드가 배우고 있는 새로운 것들을 함께 배우려고 노력한다. 설령 아버지가 독일의 교육 수준을 의심할 여지 없이 더 높이 사고 있다고 하더라도.

쾰른, 1937년 4월 11일

사랑하는 폴드야,

나는 처음으로 주소를 히브리어로 쓴다. 그게 참 힘들구나. 네 철자법 'Schenenberg'가 내 맘에 안 든다. 그러니 차라리 'Schoenenberg'가 낫겠다. 히브리어에는 ö가 없으니 말이다. 내 철자법이 가능한지 전문가들에게 여쭈어보렴. "Chawer에게"는 무슨 뜻이냐?(독일어로 '동지' 또는 '동반자'를 뜻함. 저자의 주).

나날이 늘어가는 핍박에 대해 아들이 눈치채지 못하도록 노력하는 걸 느낄 수 있다. 그 노력이 늘 성공하지는 못한다. 아무튼 1937년 6월 21일자 폴드에게 보내는 편지에서는 그 노력이 성공하지 못한다.

오늘 저녁 나는 네 엄마와 시의 숲에 산책 갔었다. 우리는 뿌연 지평선에 뜬 불그스레한 보름달을 나뭇가지 덤불 사이로 바라보면서, 네가-아마 10년 전쯤이었던 것 같다-보름달을 애드벌룬으로 여겼던 사랑스러운 에피소드를 기억했다.

그 외에도 또 다른 걸 겪었다. 자주 그랬었던 것처럼 우리는 숲 속에 있는 주막에서 저녁 식사를 하려 했다. 그러나 계획대로 되지 않았다. 유태인은 손님으로 받지 않는다는 친절한 경고가 적힌 카드를 네 엄마가 발견했다(……).

우리는 고요하고 조용한 벤치를 찾아 앉아 파릇파릇하게 가지에 싹이 돋은 나무들과 새들의 노래와 산토끼 몇 마리를 보며 즐겼다.

그래, 폴드야, 네가 성장하는 걸 지켜본 그 숲 주막이 너를 언젠가 손님으로 더 이상 맞아들이지 않으리라고는 상상조차 할 수 없었을 것이다(⋯⋯).

1년 남짓 후, 1938년 5월 15일에 상황은 더욱 악화되었다.

사랑하는 폴터헨,

며칠 전부터 우리는 집주인이 유태인이라는 사실에 대해 유난히 기쁘게 생각하고 있다. 우리는 그가 집을 팔지 않기만을 고대하고 있다. 왜냐하면 이제 유태인을 기독교 소유자의 집에서, 기독교인을 유태인 소유자의 집에서 몰아내려는 정책이 실시되고 있기 때문이다. 우리는 차츰차츰 한 발짝씩 중세 때의 게토로 접근하고 있다. 카페와 제과점들은 이제 거의 모두 '유태인 출입금지'라는 간판을 달고 있다. 영화관들도 이제 그렇게 하기 시작했다.

나는 때때로 가슴 아파하면서 나의 철십자 훈장을 바라본다. 그리고 오늘 쾨니히스Königsforst 숲을 산책하며 시를 지었다.

우리가 전쟁터에서 철십자 훈장을 땄을 때,
너희 훈장들을 몸에 지니고 우리 젊은이들이 죽어갔을 때,
너희 훈장들이 고무하고 응원하면서,
'조국은 정녕 너희들에게 감사하노라'고 소리쳤을 때,
나는 고맙다는 말을 듣기 위해 나의 의무를 다하지는 않았네.
그러나 배은망덕-그러리라곤 상상조차 하지 않았네.

같은 해인 1938년에 쇠넨베르크 부부는 팔레스타인에 사는 아들을

방문한다. 그러나 그 부부는 그곳에 정착할 생각은 없었다. 그곳은 그들에겐 너무 덥고 건조하며 낯설었다. 만일 그들이 그곳에 머물렀다면 그들은 목숨을 부지할 수 있었을 것이다.

그러나 그들은 라인 지방으로 되돌아왔다. 왜냐하면 향수를 느꼈기 때문이기도 하고, 에르나의 노모를 쾰른에 혼자 두고 떠날 생각이 없었기 때문이었다. 어머니와 함께 살던 '율리우스' 외삼촌은 11월의 포그롬 Pogrom 당시 체포되어 다하우Dachau 수용소로 끌려갔었다. 석방 후에 그는 비자 없이 입국이 가능한 유일 지역이었던 상하이로 도주하는 데 성공했다.

그래서 1939년 초부터 팔레스타인에 사는 폴드에게뿐만 아니라 상하이에 거주하는 율리우스에게도 편지들이 보내졌다.-율리우스에게 보내는 편지 속에는 자주 맞는 말이긴 하지만 다소 신랄한 매부의 '훈시'가 들어 있다.

쾰른, 1939년 2월 22일

사랑하는 율리우스,

오늘 자네는 상하이에 도착하겠지. 인생의 새로운 단계가 자네에게 시작되네. 이제 앞만 보고 더 이상 과거의 생각에 매달리지 말게나. 그것은 도약을 방해할 뿐이니까(……).

1939년 봄날에 일어난 한 사건은 쇠넨베르크의 사람들을 골치 아프게 했다. 그 사건은 쾰른의 유태인들에겐 지금까지 겪고 있는 탄압과 곤궁에다 한술 더 뜨는 아주 오랜 불안을 일깨우는 사건이었다. 그것은 유태인들이 인신 제물을 위해 살인을 저지른다는 터무니없는 누명을 쓰게 될 것에 대한 불안이었다.

> 쾰른, 1939년 4월 2일
> 사랑하는 율리우스!
> 우리는 며칠 동안 불안에 떨었네. 약 8일 전, 유모차에 누워 있
> 던 8주 된 아기가 백화점 앞에서 유괴되었다고 신문에 났다네. 모
> 든 사람들이 당사자인 부모와 함께 가슴 아파해야 하고 유괴범을
> 중벌로 다스려야 할 사건이지만, 많은 유태인들에게는 그 사건이
> 해결되지 않을 경우에 무슨 결과가 초래될지 몰라 큰 걱정이 뒤따
> 랐다네. 우리는 크산텐Xanten과 코니츠Konitz 건을 생각했다네(니더
> 라인Niederrhein 지방에 있는 크산텐과 서프로이센Westpreußen 지방에 있는
> 코니츠는 큰 주목을 끌었던 인신 제물 살인 사건의 현장이었다. 저자의
> 주). 그 범죄 사건을 완전히 해결하는 데 성공하기만을 바라고 있
> 네(……).

이 사건은 쾰른 시 한복판에서 백주에 발생한 떠들썩한 유괴 사건
이었다. 1939년 3월 25일, 불과 몇 주밖에 안 된 롤프 회른셰마이어Rolf
Hörnschemeyer는 호에가Hohe Straße에 있는 백화점에서 엄마가 옆에 있었
음에도 불구하고 검은 옷을 차려입은 한 여인에 의해 잽싸게 유모차에
서 낚아채여 유괴당했다. 이 유괴 사건은 독일제국 전역에서 떠들썩하
게 방송되었다. 그 어린 롤프를 끝내 다시 찾지 못했고, 범인도 잡지 못
했다. 1950년대에 또다시 다루어진 이 사건은 오늘날까지도 풀리지 않
고 있다.

그럼에도 불구하고 막스 쇠넨베르크는 이러한 어두운 생각에 빠져들

지 않으려는 듯 처남에게 쓰는 다음 편지에서는 꽤 기분 좋게 상당히 매끄럽지 못한 영어로 쓰고 있다. 영어로 쓴 이유는 혹시 그가 새로이 이민 갈 생각이 있다는 사실을 암시하기 위해서였을까?

> 쾰른, 1939년 4월 25일
> 사랑하는 율리우스,
> Our mother and Erna make the spring-cleaning. The household is overthrown. And the poor women are at the evening very tired(……) With kindest regards yours as ever 막스.

그 사이에 상당히 징징거리는 율리우스의 편지가 상하이로부터 도착했던 모양이다. 왜냐하면 위의 편지를 쓴 지 단 하루 만에 막스 쇠넨베르크는 처남에게 다시 편지를 쓰기 때문이다. 이 편지에서는 그 어투가 다시 좀 자극되어 있는 듯하다.

> 1939년 4월 26일
> 사랑하는 율리우스!
> 자네의 묘사들이 흥미롭긴 하지만 소금이 좀 부족하네. (……) 그래, 다른 사람들도 역시 걱정이 많다네. 그러니 자네 걱정을 지나치게 강조하지 말게나(……).
>
> 막스
> 추신.
> 오늘 나는 N. 양을 만났다네. 그녀는 자네와 결혼하리라고 믿고 있네.

연애 문제가 상하이까지 율리우스를 추적했던 사실을 이 편지들은 명확히 보여준다. 몹시 화가 난 매부 막스는 '고슴도치'나 다름없는 'N. 양'이 '분 바르는 용도의 부드러운 붓'과 같은 율리우스와 어떻게 어울릴 수 있겠느냐는 생각을 갖고 있다.

쾰른, 1939년 5월 23일
사랑하는 율리우스!

20일에 나는 N. 양과 이야기를 나누었는데 그녀는 자네가 그녀가 알고 싶어 하는 내용에 대해서는 전혀 쓰지 않는다고 말하더군. 그래서 나는 위로를 받네. 최소한 자네가 우리보다 그녀를 낮게 취급하지 않으니 말일세. 우리도 역시 근본적으로는 자네의 염려, 계획과 희망에 대해 아는 바가 없으니 말일세. 내 질문에 대해서도 자네는 기본적으로 대답하지 않으니까. (……) N. 양은 자네 편지 속에서 자기의 장래에 대한 언급을 발견하지 못한다고 했네. 그녀는 몹시 낙담하고 있네. 자네가 새 직업을 구하는 대로 그녀를 뒤따라오게 하겠노라고 편지에 쓰지 않았기 때문일세. 만일 자네의 그런 편지를 받게 된다면 당연히 결혼 신청으로 간주할 것이라고 그녀는 나에게 상기시켰네. 그녀는 또한 육체적으로 편치 않다고 호소했네. 아침에 일어날 때 어지럽다고 했다네. 그녀는 그 증상이 갑작스럽게 성생활을 멈추었기 때문이라고 믿고 있네. 나는 그녀에게 그럴 리가 없으며, 그 증상은 오히려 빈혈에서 기인한다고 설명하였네. (……) 자, 이제 자네는 편지를 심사숙고해서 쓰길 바라네. 만일 자네가 그녀에게 새끼손가락을 내밀면 그녀는 손 전체를 붙잡고 다시는 놓아주질 않을 걸세.

내 편지가 자네를 불쾌하게 할지 모르겠네. 그러나 나는 내 의견을 숨기고 싶지 않네. 내가 이러는 것은 다 자네를 위해서란 걸 자네도 알고 있겠지.

진심 어린 자네의 막스

반년 후에-1939년 9월에-발신자의 주소가 변경된 편지를 보냈다.

막스 이스라엘Israel 쇠넨베르크 박사
쾰른
벤로어가Venloerstr. 23번지
전화번호: 50771
상담 시간: 루벤가Rubensstr. 33번지 8시 30분~9시 30분, 3~4시
유태인만이 진료를 받을 수 있음.

사랑하는 율리우스,
(……) 나는 며칠 전부터 유태인 병자 치료사('의사'라는 직명을 1939년부터 유태인들은 더 이상 사용할 수 없었다. 저자의 주)로 허가를 받았다네. 그것은 나의 재정적인 부담을 덜어주기보다는 정신적인 부담을 더 많이 덜어줄 것일세. 유태인공동체는 아주 빈곤하니까 말일세. 나는 루벤가Rubensstraße에서 진료 상담 시간을 갖는다네(……).

1940년 12월 초에 쇠넨베르크 부부는 율리우스 카우프만으로부터 상하이로 오라는 재촉을 받았으나 거절한다.

만일 우리가 자네의 간청을 받아들인다면, 자네는 우리와 상하이에서 지속적으로 어려운 생활을 해야 함을 선포하는 거나 다름없네. 그러한 결정은 우리 마음에 들지 않는다네. 역시 자네에 대해서도 엄청난 책임의 부담을 져야 하지. 우리는 일할 수 있는 가능성과 살아나갈 수 있는 가능성이 있는 건설적인 방안을 모색하든가, 아니면 우리와 고통을 함께 나누는 사람들과 같은 운명의 길을 가게 될 걸세. 그렇게 되기 전에 어떤 기관이나 개인이 유용한 달러를 소비하지 않기를 바라네. 에르나가 정곡을 찔러 말한 것처럼 그 돈으로 젊은이들이나 유태인의 미래에 도움이 될 사람들에게 자유로 향한 길을 마련해주는 것이 더 요긴한 투자일 걸세.

우리의 거절이 자네의 마음을 상하게 할 줄 아네. 그것이 우리로서도 쉽지는 않다네(……).

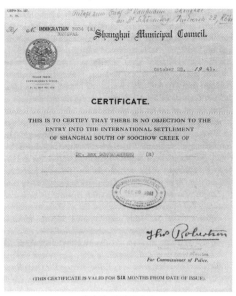

상하이 이민허가서.

그로써 쇠넨베르크 부부의 운명은 결정되었다. 1941년 11월 30일에 에르나 쇠넨베르크는 여전히 벤로어가 23번지의 집에서 망명한 친구들에게 마지막으로 그들이 살아 있다는 신호를 보낸다.

여기서는 비극이 계속되고 있어요. (……) 12월 6일에 세 번째 강제 이송 열차가 떠납니다. 이번에는 리가Riga로. 들고 갈 수 있는 만큼의 짐을 갖고 1,000명씩 여러 차례 보내집니다. 이번에 떠나는 사람들은 지난번에 떠난 사람들보다는 조금 조건이 좋습니다. 그들은 요를 갖고 갈 수 있기 때문이지요. (……) 우리는 여러 번 운이 좋았습니다. 그래서 아직은 그 무리에 속하지 않고 있지요 (……).

그 '행운'은 오래가지 않는다. 몇 달 후에 쇠넨베르크 사람들은 슈톨베르크Stolberg 근처에 있는 마우스바하Mausbach 수용소에 감금된다. 거기서 그들은 다시 쾰른으로 되돌려 보내진다. 그러고 나서 테레지엔슈타트Theresienstadt로 이송되고, 거기서 막스 쇠넨베르크는 한동안 환자들을 치료할 수 있게 된다. 그리고 그는 거기서 1943년 1월 8일에 사망한다. 에르나 쇠넨베르크는 테레지엔슈타트에서 다시 아우슈비츠로 이송된다. 그녀의 사망 일자는 알려진 바 없다.

율리우스 카우프만 박사는 1949년까지 상하이에서 살았고, 얼마 후 이스라엘로 이민을 갔다. 그는 1964년에 쾰른 방문 시 급작스럽게 사망했고, 쾰른-보클레뮌데Bocklemünde에 있는 유태인 공동묘지에 안장되었다.

레오폴드 '로이벤' 쇠넨베르크는 오늘날까지 이스라엘에서 살고 있다.

유랑자의
재산

루이제 슈트라우스–에른스트 박사(DR. Luise Straus-Ernst, 1893~1944?)

추측건대 이 약혼식은 언젠가 작가 쿠르트 투콜스키Kurt Tucholsky가
『가족』이란 에세이에서 묘사한 것과 똑같이 진행되었음이 틀림없다.

단안경 20개가 가엾은 희생자를 향하고 있다. 눈 40개가 실눈
을 뜨고 살핀다. 코 20개가 의심에 차서 킁킁거린다. "저 아이가 대
체 어떤 애인가? 저 아이는 이 집으로 결혼해 들어올 자격이 있는
가?" 신부 측에서도 똑같이 그렇게 생각한다. 이러한 경우에 보통
양측 가족은 각기 결혼 상대가 자기네 수준보다 훨씬 낮다고 확신
하고 있다(……).

1918년 쾰른에서 치러진 약혼식에서 상견례를 한 두 가족도 역시 의
심할 여지 없이 그런 확신에 차 있었다. 그들은 달라도 너무 달랐다. 소
시민적이고 꼼꼼하며 엄격한 가톨릭 공무원-라인 지방 브륄Brühl의 농
아학교장-의 아들과 쾰른의 부유한 유태인 모자 공장주의 딸이 자리하

고 있었다. 브륄의 농아학교장 필립 에른스트Philipp Ernst도 쾰른의 사업가 야콥 슈트라우스Jakob Straus와 마찬가지로 앞두고 있는 혼인이 서로 맞지 않는다고 느꼈기 때문에 양측 아버지들은 이 혼사를 둘러싸고 자녀들을 신랄하게 꾸짖었고 엄중하게 경고했던 것 같다.

필립 에른스트는 아마도 그 유태인 '벼락부자'에 대해 경멸조로 눈살을 찌푸렸을 것이고, 슈트라우스 가문의 재산은 그들이 유태인이란 사실을 거의 경감하지 못한다는 의견을 표명했던 것 같다. 야콥 슈트라우스도 절망에 차서 양손을 부비며 딸에게 호소할 정도였던 모양이다.

"화가에다 완전히 무일푼! 얘야, 네가 지금 무슨 짓을 하고 있는지 알기나 하냐?"

그 '아이'는 당시 이미 미술사 박사였고, 그러한 상황에서 보통 모든 '아이들'이 그렇듯, 그녀도 부모의 말을 듣지 않았다. 그래서 1918년에 미술사학자이자 저널리스트였던 루이제 슈트라우스 박사는 화가 막스 에른스트와 결혼했다. 그 결혼으로 인하여 불운은 마침내 자신의 궤도를 달릴 수 있게 되었다.

곧 밝혀지듯 신뢰하기 어렵고 불성실한 예술가 남편과의 보헤미안적인 삶은

루 슈트라우스-에른스트.

그 신부에게는 어려서부터 몸에 배인 삶이 전혀 아니었다. 루이제 아멜리 슈트라우스Louise Amelie Straus, 애칭 루는 교육 수준이 높은 유태인

부르주아 부모 밑에서 잘 보호받고 물질적으로도 부족함 없이 자랐다.

그녀는 1893년 12월 2일 덕망 높은 쾰른의 공장주 야콥 슈트라우스의 딸로 태어났다. 부친은 유행 상품 도매상도 겸한 밀짚-펠트 모자 공장 뢰벤슈테른 & 슈트라우스Löwenstern & Straus의 공동 소유자였다. 루는 쾰른의 시립학교를 졸업하고 나서 1912년에 베를린과 본에서 역사학과 미술사학 그리고 고고학을 전공했다. 그녀는 1917년에 「12세기 쾰른의 금세공 예술에 있어서 도안圖案적 발전에 대하여」라는 주제의 박사논문으로 학위를 취득했다. 그녀는 발라트-리카르츠Wallrat-Richartz 미술관에서 학술 기고자로 일했고 여러 신문에 평론도 썼다. 본에서 대학을 다닐 당시에 그녀는 막스 에른스트를 사귀게 되었다.

1차 대전이 끝난 그 무렵은 평온치 못한 시기였다. 이 시기의 정치사회적 변혁, 인플레이션, 실업, 대중 빈곤과 계급투쟁 등에 대해 많은 예술가들은 도발적인 활동으로 대꾸했다. 그 활동은 다수의 유럽 국가에서 지지자들을 얻었고, 국제적인 사조로 '다다이즘'이라는 호칭을 듣게 되었다. 베를린과 취리히가 주로 영향력 있는 중심지였으나 쾰른에서도 막스 에른스트가 주동이 되어 다다이스트들의 모임이 형성되었다.

결혼식 후에 막스와 루 에른스트는 카이저-빌헬름 링 14번지에 있는 4층 건물의 꼭대기 층에 세 들었다. 치과의사였던 집주인은 반복해서 '보헤미안 무뢰한들'에 대해 화를 내곤 했다. 왜냐하면 그 다다이즘의 무리들이 끊임없이 계단을 오르락내리락하였고, 특히 군영이나 다름없었던 그 셋집에서 밤새도록 왁자지껄 떠들었기 때문이었다.

어느 날 아침에는 누울 자리가 허락되는 한, 집 곳곳에 잠든 군상들이 누워 있었다. 주로 왔던 손님들은 한스 아르그Hans Arg, 소피 타우버Sophie Tauber, 파울 클레Paul Klee, 얀켈 아들러Jankel Adler, 리요넬 파이닝어Lyonel Feininger, 트리스탄 차라Tristan Tzara였다(……).

이러한 예술가들의 북새통 속에서 태어난 막스와 루의 아들 한스 울리히Hans Ulich, 애칭 지미Jimmy는 후일 위와 같이 쓰고 있다.

부모님 집에서 성장할 때부터 이미 식모와 보모가 습관이 된 루는 젖먹이 지미를 돌보는 데 서툴렀기 때문에 파울 클레로부터 기저귀 가는 첫 수업을 받기도 했다. 결국 지미를 돌볼 보모를 고용하였다. 그녀는 토박이 '쾰른 아가씨'였고, 그 아기를 말도 못하게 사랑했다.

똑똑하고, 활달하고, 자립적이었던 루 슈트라우스 에른스트는 신혼 생활을 하는 동안 스스로 자기 자신의 훈련 결과를 거의 인식하지 못하는, 일종의 조련된 가축처럼 변했다. 루의 결혼 생활은 주로 남편의 욕구를 채우고자 하는 온갖 다양한 노력의 연속이었다. 그녀는 참을성 있는 아내면서, 친절히 손님을 잘 접대하는 여주인이고자 무척 애썼다. 그녀는 자신의 친구들과 절교했다. 막스가 그들을 싫어했기 때문이었다. 막스가 그림 그리는 데 방해된다고 했기 때문에 그녀는 바이올린 연주도 그만두었다. 오직 막스가 권한 책들만 읽을 뿐이었다.

이 젊은 부부는 자주 돈 걱정을 해야 했다. 루가 때때로 글 쓰는 일을 얻기도 하고 소유주가 예술 후원자였던 티츠Tietz 백화점에서 스타킹 판매도 했지만 어떤 날은 이 집에서 유일하게 지미만 음식을 먹을 수 있을 정도로 빈궁한 생활이었다.

만일 내가 아무런 음식도 먹지 못할 지경이 되면 보수를 거의 받지 못했던 보모 마야Maja는 분노에 차서 막스와 루에게 달려들었다. 그들은 그녀가 화내는 걸 무서워했다(……).

곧 더 이상 부인할 수 없는 상황이 되었다. 자기 딸의 미래에 대한 야콥 슈트라우스의 어두운 예감들은 여러 방면에서 적중했다.

막스 에른스트는 거칠고 이기적인 태도로 자신의 예술 작업을 최고로 중요시하면서 모든 인간관계를 방치했다. 다른 것들은 하나도 중요하지 않았다. 그는 루에게 상처를 주었고, 그 치유에 신경 쓰지 않았다. 지속적으로 바람을 피우고 제멋대로 혼란스러운 개인 생활을 향유했던

루와 지미.

그는 보모 마야에게는 단지 '개새끼 막스'였다.

1922년 여름 루와 막스 에른스트 부부는 지미와 보모 마야와 함께 오스트리아의 알프스 산에서 휴가를 보냈다. 그곳에서 한 무리의 다다이즘 문학가들과 미술가들이 그들을 방문했다. 그중에는 프랑스의 작가 폴 엘뤼아르Paul Eluard와 그의 러시아인 아내 갈라Gala[74]도 있었다. 갈라는 여리고 검은 눈과 짙은 색 머리를 가진 미인이었다. 그때부터 이 부부는 에른스트 집에 상주하다시피 하는 방문객이 되었다. 루는 그 기억 속의 일부를 다음과 같이 보고한다.

> 비 오는 어느 날 우리는 함께 거실에 앉아 있었다. 막스는 갈라와 함께 자기 책의 번역 작업을 하고 있었다. 언어적 뉘앙스를 둘러싸고 언쟁이 벌어지자 그는 아주 날카롭고 모욕적인 언사를 갈라에게 퍼부었다. 나는 갈라를 좀 비꼬면서 질책하려 했다. "왜 너는 막스가 저런 식으로 소리 지르는 걸 참니? 나한테는 한 번도 저런 식으로 행동한 적 없어." 막스는 날카롭게 나를 째려보며 대꾸했다. "그래, 나는 결코 너를 그토록 정열적으로 사랑한 적이 없으니까(……)."

갈라 엘뤼아르의 등장 후 루는 결혼의 종말을 의미하는 그 어떤 조짐을 느꼈음이 틀림없다.

> 우리가 숲을 지나 집으로 갔을 때, 내 얼굴에 서려 있는 슬픔이

---

74. 후일 S. 달리(Dali)의 아내.

아마도 막스에게 인상을 남긴 것 같다. 그가 갈라와 함께 파리로 가려고 하는 것은 확고한 결정이었다. (……) 몇 주 전부터 그는 집 안의 모든 방들뿐만 아니라 갈라도 폴과 공유했다. (……) 막스는 나의 의기소침함에 어리둥절했다. "저기, 너는 워낙에 남자가 더 이상 필요 없어. 너는 28살이야. 너는 사랑에 대해 알 건 다 알잖아. 너한테는 아들이 있고(……) 뭘 더 원해? 아이와 함께하는 네 삶은 아주 행복할 거야(……)."

막스 에른스트와의 결별은 루로서는 결코 극복하지 못할 모욕이었다. 그녀는 막스에게 또 임신했다는 사실을 말하지 않았다. 지미 역시 그러한 사실에 대해 40년이 지난 후에야 비로소 알게 되었다. 그녀는 낙태 수술을 받기 위해 인스부르크Innsbruck로 갔다가 바로 쾰른에 있는 카이저-빌헬름-링Kaiser-Wilhem-Ring의 빈집으로 되돌아왔다. 그 집에서 그녀는 막스와 함께 살았고 지미를 낳았다. 그녀는 이제 남편도 없고, 빵을 벌 수 있는 직업에 대한 전망도 없는 삶을 꾸려나가야 했다. 전에도 이미 아버지로부터 인색한 도움을 받았는데, 그럴 때마다 그 도움은 항상 교육적 훈계로 귀결되었다. 아버지는 그녀의 불행한 삶은 단지 '유태인이 아닌 자'와 결혼했기 때문만이 아니라 허풍 떠는 무용지물의 예술가와 결혼한 대가라고 훈계했다. 남편의 친지로부터는 더더욱 그 어떤 도움도 기대할 수 없었다. 막스 에른스트의 엄격한 가톨릭 가족들은 유태인 며느리이자 형수에게 항상 최대한의 거리를 두었다.

막스 에른스트와 이혼 후 1927년부터 루에게 저널리스트와 미술사학자로서의 성공적인 경력이 시작되었다.

보스Voß 신문[75]과 드레스덴Dresden 최신 보도 신문[76]은 라인란트

Rheinland 주의 미술에 관한 기사를 그녀에게 위탁했다. 드디어 그녀의 상황은 다시 호전되기 시작했다. 이러한 호전이 너무도 기쁜 나머지 1933년의 정치적 상황에 관한 어두운 그림자를 그녀는 일단 무시할 수 있었다. 단지 어느 날 링Ring에 있는 이웃 건물에 "유태인은 우리의 불행"이란 표어가 적힌, 멀리서도 볼 수 있는 투시화가 걸릴 때까지만. 점증하는 나치 정권의 유태인 탄압은 힘든 운명과 싸워 얻어낸 루의 자그마한 행복마저 위협했다.

직업적 성공 덕분에 루 슈트라우스-에른스트는 곧 아담하고 밝은 아파트를 구할 수 있었다. 그녀는 지미와 함께 쾰른-쥘츠 구역에 있는 엠마가Emmastraße 27번지로 이사했다. 그녀는 개인적인 그리고 직업적인 성공을 즐길 수 있었다. 아울러 몇몇 애인들의 찬사도. 그 애인들 중에 후일 그녀가 '실수'로 꼽았던 젊은 조각가는 그녀에게 눈에 띄게 구애했고, 어린 지미에게 선물을 잔뜩 가져왔다. 그의 이름은 아르노 브레커 Arno Breker였는데, 그는 나중에 히틀러의 총애를 받는 조각가가 되어 나치 정권을 위해 요란스러울 만큼 과장된 조각물들을 제작했다.

점차 루는 혼자 설 수 있게 되었다. 그녀에게는 아이가 있었고, 행복한 가정이 있었다. 그리고 많은 남자 동료들로부터 동등하게 취급받고 평가받는 것이 그녀에게 자부심을 갖게 했다. 이 짧고 명랑했던 시절에 대해 지미 에른스트는 다음과 같이 보고한다.

그녀는 나를 시나고그Synagoge에 데려갔다. 그리고 우리는 쾰른

75. 『Vossische Zeitung』: 16세기에 크리스티안 프리드리히 보스(Christian Friedrich Voß)가 창간한 신문으로 1934년 나치에 의해 간행 금지되었음.
76. Dresdner Neuesten Nachrichten: 1893~1943.

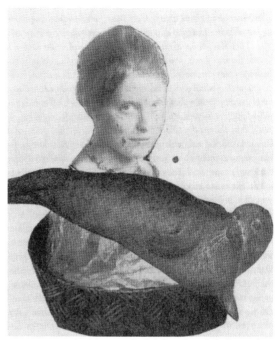

막스 에른스트가 제작한 루의 초상이 있는 콜라주.

의 여러 아름다운 성당에도 갔다. 음악을 들으려 미사에 참석하거나 라인 지방의 장인들이 지은 성당의 창문과 성단의 기적을 보기위해서였다. 특히 쾰른의 자랑거리인 장엄한 대성당의 종소리는 유태교 성가원의 목소리처럼 내 인생의 일부분이 되었다(……).

또한 지미에게 파리에 살고 있는 아버지를 규칙적으로 방문하는 것이 허락되었다. 막스 에른스트의 끊임없이 바뀌는 연인들과 친분을 맺는 일이 그에게는 별 어려움이 되지 않았다.

한동안 루는 쾰른에서의 정치적 상황이 인기 좋은 콘라드 아데나우어Konrad Adenauer 시장 덕분에 다른 독일 지역과는 달리 진행되리라고 기대했다. 그녀는 회고록에서 다음과 같이 적고 있다.

> 우리가 그를(Konrad Adenauer, 저자의 주) 갖고 있는 한, 우리 시에서는 아무 일도 일어날 것 같지 않았다. 우리 저널리스트들도 우리의 일을 수행하는 데 보호를 받았다(……).

그러나 1933년 7월 29일 콘라드 아데나우어가 면직되고 한 나치가 그 시장 직을 떠맡자, 루는 떠나야 할 때가 되었음을 깨달았다. 그녀는 파리로 이민 갔다. 그사이 두 번째 아내 마리-베르테Marie-Berthe와 결혼해 살고 있는 막스에게로 간 것은 물론 아니었다. 루는 프랑스의 수도에서 일단 미술 평론가로 발붙이려고 시도했으나 단지 유태인 잡지나 스위스 잡지에 그저 몇몇 논평을 기고하는 정도에 머물렀다. 그녀는 일단 친정집에 두고 온 아들 지미에 대한 걱정 때문에 여전히 안절부절못했다. 1938년에 지미는 미국으로 갔다. 그리고 1941년에 아버지 막스 에른스트도 그의 뒤를 따라 미국으로 갔다. 엄마도 이민 오도록 설득하려던 지미의 시도는 수포로 돌아갔다.

종전 후에 막스 에른스트는 그의 첫 아내를 확실한 죽음으로 몰아넣었다는 비난을 받았다. 그러나 지미 에른스트의 회고에 따르면 그것이 사실이 아니라는 게 드러난다. 막스 에른스트는 루를 미국으로 오게 하려고 상당히 노력했었다. 그가 심지어 서류상으로 다시 혼인할 것을 제안했으나 그녀는 거절했다.

1939년 루 슈트라우스-에른스트는 독일이 파리를 점령하기 직전에 파리로부터 도주했다. 시골 마을 마노스크Manosque에서 그녀는 프랑스 작가 장 지오노Jean Giono의 집에 숨어 보호받을 수 있었다. 거기서 그녀는 1943년 한 나치 비밀경찰의 끄나풀이었던 프랑스 경찰에 의해 발각되었다. 프랑스 당국은 그녀에게서 거주권을 박탈했고, 그녀를 독일 점령자들에게 넘겼다. 그녀는 파리 근처에 있는 드랑시Drancy 수용소로 끌려갔다. 이민 가고자 해도 때는 이미 늦었다. 해외로 나갈 수 있는 비자를 받는다는 것은 불가능했다.

삶이 종말에 이르렀을 거라는 지속적인 위협과 공포에 직면해서 그녀는 『유랑자의 재산』이란 제목의 회고록을 집필하였다. 그 회고록에서 "안정되지 못하고, 떠나감과 머무름 사이에서 계속 갈등하는……", "유랑자"라고 스스로를 칭하고 있다. 그 원고는 그녀에겐 외롭고 위협받는 삶 속에서 대화를 나눌 수 있는 유일한 친구나 다름없었다.

타자로 친 카본지 복사본을 그녀는 스위스에 사는 친구에게 보냈고, 그 친구는 그 복사본을 종전 후에 지미 에른스트에게 전해주었다. 루의 아들은 그녀의 초본에서 발췌한 일부를 자신의 회고록 『정녕코 정물화는 아니었다』에서 인용했다.

1년간 루이제 슈트라우스-에른스트는 여전히 드랑시 수용소에서 살았다.

1944년 6월 30일 그녀는 마지막 직전의 이송 열차로 그곳에서 아우슈비츠로 강제 이송되어 살해되었다. 그녀의 사망 일자는 알 수 없다.

막스 에른스트는 85세 생일을 불과 몇 시간 앞두고 1976년 4월 1일 파리에서 사망했다. 부친의 화장 예식에 참석했던 지미 에른스트는 파리에 있는 페르 라셰즈Père Lachaise 공동묘지 안에 있는 화장터에서의 경험에 대해 이렇게 적고 있다.

내 발밑에서 덜커덩거리는 소리가 나기 시작했다. 발밑 소각로 속의 화염만이 그런 소음을 낼 수 있었다. 높은 굴뚝에서 바스락하는 한숨 소리가 들리는 것 같았고, 마치 그 굴뚝이 낮게 드리워진 구름에 저항해 짙은 연기를 내뿜는 듯이 보였다. 그 연기는 바람이 잠든 이 순간에 마치 어마어마하게 큰 느낌표처럼 검은 기둥들로서 파리 위 하늘에 일그러지지 않은 채 꼿꼿이 서 있었다. (……) 내 아버지 막스는 재로 변했다.

나는 갑자기 손에 거의 잡힐 듯한 영상을 본다. 30년 하고도 수십 일 더 전에 가축 운송 열차편으로 여기서부터 동쪽으로 떠난 나의 어머니 역시 연기가 되어 올라갔다. 이름도 없이 소각되는 무수한 문신으로 새겨진 번호들의 연기 속으로 사라졌다. 나는 루 슈트라우스-에른스트가 히틀러의 '최종 해결' 정책의 통계 속으로 사라져갔을 때 해가 비추었는지조차 알지 못한다(……).

부친의 장례 후 1984년에 그 자신이 숨질 때까지 한 의문은 그를 놓아주지 않았다.

그리고 또다시 다른 영상과 다른 장소를 찾으려는 시도가 있었다. 어디에 내 어머니의 재가 있단 말인가? (……)

집도
없고
무덤도
없고

신티와 로마(Sint und Roma)

무언가 요상한 장면이다.

어느 가난한 집 뒤뜰 광 앞에 놓인 의자에 유행에 맞는 의상을 깔끔하게 차려입은 금발머리의 젊은 여인이 앉아 있다. 그녀는 이곳 분위기에 전혀 어울리지 않는다. 무릎 위에 놓인 필기 노트에 그녀는 무언가를 적고 있다. 그녀 앞에는 헝클어진 머리에 맨발을 한 꼬마가 당돌한 태도로 서서 딴은 의심에 차서, 딴은 호기심에 차서 그녀가 무언가 적는 것을 바라보고 있다. 그 옆에는 긴 치마를 입고 머리 수건을 두른 여인 두 명이 있다.

정확히 어디서 이 장면이 포착되었는지, 그 허름한 집터가 어디에 있는지, 현재 우리는 더 이상 알 수 없다. 그러나 우리는 그 세 사람이 필기 노트를 든 우아한 금발 여인의 '방문' 이후 그리 오래 살아남지 못했으리라고 추측할 수 있다.

그녀가 누구였는지를 우리는 정확히 알고 있다.

그녀의 이름은 에바 유스틴Eva Justin이고 '종족 위생과 인구정책 연구

'집시 인구조사' 당시의 에바 유스틴.

'집시(Zigeuner)'

원래 인도에서 출생한 신티와 로마 부족은 수백 년 동안 독일어권에서 '집시'로 명명되었다. 나치들도 이 명칭을 사용했다. 이 명칭은 오늘날 배타적인 것으로 간주된다. 그런 꼬리표가 달린 사람들은 수백 년 전부터 '로마네스Romanes'라는 언어를 사용했다. 그 단어 속에 '롬Rom'이란 낱말이 들어있는데, 그것은 '남자' 또는 '사람'이란 뜻이고, '로미니Romini'는 '여자'란 뜻이다. 그래서 몇 년 전부터, 그 부족 사람들을 '로마Roma'라고 칭하는 것이 일반화되었다.

'신티Sinti'는 중세 후기부터 독일어권에 살고 있는 부족을 일컫는다. '신토Sinto'는 남자를 지칭하고, '신테차Sintezza'는 여자를 지칭한다. 독일에서는 일반적으로 '신티와 로마'라고 말하는 것이 일반화되었다. 이러한 상용은 무엇보다 다른 여러 세분화된 부족들-예를 들어 칼레Kale, 마누슈Manusch, 랄레레Lallere-을 감안하지 않고 있다. 그런 이유로 몇몇 세분화된 부족 사람들에 의해 비판을 받는다. '신티와 로마'라는 표기는 워낙은 'political correctness'를 위한 노력이지만, 그럼에도 불구하고 실제적으로는 정확하지 않다.

소Rasenhygienischen und Bevölkerrungsbiologischen Forschungsstelle', 간단히 '리터Ritter 제국연구소*Reichsstelle Ritter'의 기고자였다. 그 사진을 찍었을 당시 그녀는 할당된 '집시기록부' 작업을 수행하던 중이었다. 그녀와 연구소의 다른 동료들은 1937년, 1938년 그리고 1940년 봄에 라인란트Rheinland 주와 루르Ruhr 지방을 두루 돌아다니면서 그곳에 거주하는 신티와 로마들을 찾아 심문하고, 사진 찍고, 측정하고, 기록했다.

이 작업은 에바 유스틴에게 풍성한 학문적 결실을 가져다주었다. 왜냐하면 그 조사 결과로 얻게 된 자료들은 그녀의 박사학위 논문에 대단히 유용했기 때문이었다.

베를린의 프리드리히-빌헬름Friedrich-Wilhelm 대학의 수학, 자연과학과에 의해 승인된 박사논문 「이질적으로 교육받고 성장한 집시 아동과 그 후손들의 숙명」의 서문에서 그녀는 1943년 이 '연구 과제'에 대해 다음과 같이 썼다.

"몇 주씩 심지어 자주 몇 달씩이나 전 제국을 통틀어 집시 수용소, 산재해 있는 바라크, 움막집 또는 집시 마차를 직접 찾아다녀야만 했던 연구 기행이나, 시장이나 교회 성직자의 서류들과 수많은 개인 또는 국가의 문서실을 뒤적거려야 했던 인내와 경찰의 오래된 기록들을 체계적으로 조사하는 등의 그 모든 작업들은 마침내 이르고자 하는 목표에 당도하게 했다. 그것은 독일에 살고 있는 집시 부족들에 대한 정확한 통계와 그 한계를 긋는 작업이었다. 오늘날 새로 점령한 국가들을 포함하지 않은 독일제국에는 약 20,000명의 집시들이 살고 있었던 것으로 추정된다.

집시 추산에 있어서 박사과정을 밟고 있던 그녀는 작은 실수를 범했던 모양이다. 그녀의 상사 로베르트 리터Robert Ritter는 당시 제국에 살고 있는 '집시'의 숫자를 3만 명이라고 수정해서 발표했다. 그럼에도 불구하고 에바 유스틴과 그녀의 동료들이 의무감과 열의를 갖고 부지런하고 성실하게 예비 작업을 잘해낸 덕에 얼마 후 그것을 기반으로 나치는 신티와 로마에 대한 정책을 세울 수 있었다.

제국 안전보장회의 1943년 1월 30일. 집시 혼혈인들, 롬Rom 집시와 발칸반도 집시들을 포로수용소로 지정하는 건에 관하여: 1942년 12월 16일자 SS 제국 총책임자의 명령에 따라 집시 혼혈인들, 롬 집시와 독일 피가 섞이지 않은 발칸반도 출신 집시 부족의 가족들을 몇 주 안에 서둘러 포로수용소로 지정할 것(……) 가족 간에 혼혈의 등급을 고려하지 않고 포로수용소-아우슈비츠의 집시 수용소로 할당할 것. 강제 이송 전에 미리 도망가는 것을 막기 위해 지시된 사항이 어떤 집시에게도 미리 알려져서는 안 됨. 가족들을 가급적 함께 모아-경제적으로 자립할 수 없는 모든 자녀들을 포함해서-수용소로 보낼 것(……) 주 업무는 1943년 3월 말까지 완료되어야 함(……).

나치들의 은어로 쓰였던 '집시 해결'은 바로 이 명령에 그 기반을 두고 있었다. 이 명령에 따라 신티와 로마들을 실은 강제 이송 열차의 바퀴는 동쪽을 향해 움직이기 시작했다. 1943년 2월 26일에 독일제국 최초의 집시 이송 열차는 아우슈비츠-비르케나우Auschwitz-Birkenau 수용소 역에 도착했다. 새로 도착한 집시들은 앞에 Z^{77}라는 이니셜이 붙은 각자의 수감번호를 받았다. B2e 구역에 철조망으로 둘러쳐진 40여 개 주거 바라크와 위생시설 바라크가 있는 '집시 가족수용소'에 그들은 수용되었다. 뒤따른 강제 이송들은 짧은 간격을 두고 계속되었다. 이렇게 하여 1943년 3월 11일에는 그 수용소에 대략 4,435명의 집시들이 갇히게 되었다.

나치에 의해 쫓기다 잡혀 강제 이송되기 전에 이미 이 부족은 유럽에서 수백 년간 차별 대우, 권리 박탈, 추방, 박해의 역사를 경험했었다.

신티와 로마는 8세기와 12세기 사이에 그들의 본고향인 인도 펀자브 Punjab 지방[78]에서부터 파키스탄, 이란, 터키와 발칸반도를 거쳐 유럽으로 왔다. 이 엄청난 여정을 그들이 기꺼이 선택한 것은 결코 아니었다. 자주 인용되는 '유랑 충동'은 실은 도주였다. 인도를 떠난 이후로 그들은 가는 곳마다 중상, 추격, 핍박을 당했다. 독자적인 나라는 말할 것도 없고 로비도 공식적인 대변자나 조직도 그들은 갖고 있지 않다. 그들은 무엇보다 대장장이, 도구 제작, 냄비 땜질, 가위갈이, 바구니 엮기, 말 장수, 때로는 음악가나 예술가로 생활비를 벌었다. 그들의 대다수는 동구권, 즉 예전의 유고슬라비아, 슬로바키아, 체코, 헝가리, 루마니아, 불가리아에 정착했다. 약 16세기부터 유럽 전역에서 '집시'에게 불리한 법령이 제정됐다.

이 사람들에 대한 핍박은 나치 정권 시에 정점에 달했다.

그 핍박은 여러 단계를 거쳤다. 이미 1933년, 1934년에 신티와 로마는 특별한 경우 강제로 거세될 그룹에 속한다는 사실이 명확해졌다. 이리

---

77. Z는 독일어 Zigeuner(집시)의 이니셜.
78. 1849년에서 1947년까지 영국 식민지 당시의 한 영토를 지칭하며, 독립 이후로는 파키스탄과 인도의 영토로 나뉘었다. 그 명칭은 다섯 개의 강줄기가 그 지역을 흐르고 있기 때문에 페르시아어로 다섯이란 뜻의 pang과 물이란 뜻의 ab이 복합되어 생성되었다.

저리로 이동하고 한군데 머무르지 않는 성향, 즉 '땅'에 대한 애착 결핍을 이유로 나치 정권은 그들을 '반사회적'이라고 낙인찍었다. 1935년 뉘른베르크 법이 선포된 이후 차별 대우와 권리 박탈을 손쉽게 할 수 있도록 그들을 유태인과 똑같이 '이종異種'으로 등급 매겼다. 신티와 로마에 대한 대학살은 1940~1941년에 처음으로 남동 유럽과 독일이 점령한 일부 소련연방 지역에서 자행되었다.

제3제국 초기에 대다수의 독일 대도시들은 '집시의 유랑 충동'을 억제하고, 그들을 끊임없는 감시하에 두려고 시도했다. 쾰른에서는 1935년에 이미 '집시 수용소'가 세워졌다. 그 수용소는 빅켄도르프Bickendorf에 있는 슈바르츠-바이스Schwarz-Weiß 운동장에 세워졌는데, 오늘날에는 마티아스-브뤽겐가Matthias-Brüggen-Straße가 가로질러 놓여 있다. 때때로 경찰은 수용소에서 수색을 펼쳤다. 제국 전체에서 벌어진 체포 작전 당시 1938년 6월 쾰른-빅켄도르프 수용소에서 로마 약 30명이 체포되어 작센하우젠Sachsenhausen 포로수용소로 강제 이송되었다.

그사이 베를린의 '종족위생연구소'의 주도적 위치에 있는 학자들은 신티와 로마를 '저질의 종족'으로 낙인찍으려는 목적으로, 특별히 '종

빅켄도르프에 있는 '집시 수용소'에서 수색 당시.

족적 측면'하에서 분류하는 데 열을 올렸다. 이제 인도 출생의 '집시'는 나치의 그 허무맹랑한 '종족 판별 기준'에 따르면 가장 순수한 '아리아족'이어야만 했다. 그들보다 더 인도 게르만적인 종족은 더 이상 없었기 때문이다. 그럼에도 불구하고 그들은 '순수 종족적' 민족 집합체라는 표상에 방해가 되었다. 1937년에 기센Gießen 대학 교수이자, 그곳 '유전과 종족관리 연구소'의 감독이었던 인류학자 하인리히 빌헬름 크란츠Heinrich Wilhelm Kranz는 그 사실을 분명히 했다. 독일 의사 잡지의 부록의 한 기사에서 그는 '집시'를 기생충과 비교하면서 다음과 같이 설명했다.

　(……) 그들은 반갑지 않은 불청객이고, 국가적 질서를 지키려 하지 않으며, 그들의 종족적 성향 때문에 사회에 적응할 수 없다 (……).

베를린의 '종족위생연구소'의 로베르트 리터Robert Ritter 박사와 그의 조교들―특히 에바 유스틴―이 수천 명의 '집시'들을 찾아내 검사하고, 기록하고, 측정하고 그들 가족의 '족보'를 만드는 작업을 해서, 그 '종족연구'로부터 그들이 의도한 결론에 도달함으로써 위의 이론을 뒷받침했다. 그 결론이 SS 총책임자 하인리히 힘믈러Heinrich Himmler의 마음에도 꼭 들었기 때문에 그는 '집시 기형동물의 퇴치를 위한 제국 중앙본부'가 의문을 제기할 경우 리터Ritter 연구소의 감정鑑定을 따르도록 결정했다. 그래서 그 감정은 집시들의 삶과 죽음을 결정하게 되었다.

　신티와 로마를 추격하는 일은 모든 사람들이 지켜보는 가운데에서 공공연하게 자행되었다. 로베르트 리터의 연구소는 경찰이나 범죄수사반과 공조했을 뿐 아니라, 지방 관청의 도움도 많이 받았다. 게다가 가톨릭 교구들도 기꺼이 경찰에게 신티와 로마의 세례 증명서를 제공했다. 대다수의 신티와 로마는 가톨릭 신자였다. 이와 같은 방법으로 쫓기는 자들에게는 점점 빽빽하게 목줄이 조여들었다.

한 종족을 멸종시키는 데 있어 그 길을 닦고 제시했던 학자들에게 그것을 자발적으로 수행할 요원들이 얼마든지 있었던 것이다. 쾰른에서도 그러했다. 신티와 로마는 1940년 5월 16일에 빅켄도르프 수용소로부터 쾰른-메세Messe 집합수용소로 강제 이송되었고, 거기서 그들은 다른 지역에서 잡혀온 사람들과 합류됐다. 그들은 독일에 의해 점령된 폴란드로 '강제 이주'하게 된다는 설명을 들었다. 독일 땅으로 되돌아오는 것은 엄격히 금지되었다. 출발 전에 그들은 그 결정에 동의하는 서류에 서명해야만 했다.

만일 내가 독일로 되돌아올 경우 거세당하고, 경찰에 의해 포로 수용소에 입소하게 된다는 사실을 오늘 알았다(……).

1943년 3월 쾰른, 아헨Aachen, 코블렌츠Koblenz, 트리어Trier 지역들로부터 잡아들인 신티와 로마를 집합한 장소는 쾰른-메세였다. 그곳에서 불과 몇 미터밖에 떨어지지 않은 도이츠-티프Deutz-Tief 역에서부터 수백 명이 아우슈비츠-비르케나우로 강제 이송되었다. 생존자 율리우스 호도지Julius Hodosi가 전쟁이 끝난 후에 조서에 진술한 보고 내용이 우리에게 전수되어 있다. 그 속에는 다음과 같은 내용이 들어 있다.

그 강제 이송은 고문이었다. 식량도 물도 빛도 없이 가축처럼 떠

퀼른-도이츠로부터 강제 이송을 앞두고 있는 신티와 로마.

밀려 화물열차칸에 넣어져 우리는 그 어딘가로 떠났다. (……) 마침내 화물열차칸의 문이 열리자 SS는 우리를 몽둥이로 때렸고 사나운 개들을 풀어 우리를 내몰았다. 우리는 목적지에 도착했다. 이 순간부터 우리는 인간임을 멈추었다. 우리는 단지 번호에 불과했다. 우리는 소유하고 있던 모든 물건을 다 빼앗겼다. 여자들과 아이들까지도 머리를 빡빡 깎았다. 전체가, 물론 내 두 딸도 번호 문신을 당했다(……).

나는 내 아내와 함께 '땅파기 작업'에 배당되었다. 우리는 시체 소각장으로 이어지는 철도를 놓는 작업을 했다. 매일 오전 9시부터 10시까지 소위 말하는 '형벌 작업'이 있었다. 이 시간에 모든 작업은 달리는 속도로 진행되었다. 그러다 누군가가 쓰러지면 바로 즉시 그를 때려죽였다. 그런 식으로 우리는 매일 50~60명의 목숨을 잃었다. (……) 아이들 모두에게 수용소는 확실한 죽음을 뜻했다. (……) 어린아이들까지 포함한 여러 시간 동안의 한밤중 점호는 우리를 비참한 존재로 만들었다. 그 당시 나 역시 내 어린 두 딸을 잃었다. 그 애들은 말 그대로 굶어 죽었다(……).

수용소의 아이들 대다수는 굶주림, 추위, 질병, 학대로 죽어갔다. 악명 높은 포로수용소 의사 요제프 멩엘레Josef Mengele는 쌍둥이 아이들에 대한 끔찍한 의학적 실험들을 실시했다. '집시 가족수용소'에 수용된 아이들의 상황에 대해 생존자 엘리자베트 구텐베르거Elisabeth Guttenberger는 후일 이렇게 진술했다.

맨 먼저 아이들이 죽어갔다. 밤낮으로 아이들은 빵을 달라고 조르며 울었다. 곧 모두 굶어 죽었다. 아우슈비츠에서 태어난 아이들도 오래 살아남지 못했다. SS가 유일하게 이 신생아들에게 신경 쓴 것이 있다면 그것은 지시에 따라 즉시 문신해 넣는 일이었다. 신생아의 대다수는 태어난 지 며칠 안에 숨졌다. 신생아들은 전혀 보살핌을 받지 못했고, 젖도 못 먹었고, 따뜻한 물조차 제공받지 못했다. 분가루라든가 기저귀는 말할 필요도 없다. 10살 정도 이상으로 좀 큰 아이들은 수용소 길을 닦는 데 필요한 돌들을 운반해야 했다(……).

1944년 8월 2일에서 3일 밤사이에 마지막으로 살아남아 있던 신티와 로마 약 3,000명은 가스실로 몰아넣어졌다. 후일 수용자였던 루돌프 비텍Rudolf Vitek은 그다음 날 아침을 다음과 같이 기억했다.

1944년 8월 3일 아침, 등골이 오싹할 정도로 수용소는 쥐 죽은 듯이 고요했다. 단지 화장터 굴뚝만이 꾸역꾸역 연기를 내뿜고 있었다. 엄청나게 시꺼먼 연기 기둥들이 하늘을 향해 치솟고 있었다. 타버린 기름, 머리카락, 살의 참을 수 없는 악취가 호흡을 불가능하게 했다. 소각장들의 환기장치가 요란스럽게 윙윙거리는 소리를 우리는 온종일 들어야 했다. 요 밑에 숨어 있던 어린아이 두 명이 전날 수색 당시 SS에게 발각되지 않았으나 다음 날 아침 군용차 한 대가 들이닥쳐 그 아이들을 잡아서 소각장으로 태워 갔다(……).

언젠가 뷔르템베르크Württemberg 주의 물핑엔Mulfingen에 있는 성聖 요셉Joseph 가톨릭 고아원에 보호되고 있던 아이들 40명이 아우슈비츠로 강제 이송되었다. 1943년 초기까지 그들은 강제 이송에서 빠져 있었다. 덕분에 상냥한 금발 여인은 자신의 박사논문 「종족 생물학적 검사」를 위해 그 아이들을 검사할 수 있었다. 그 논문이 끝나자마자 아이들은 모조리 아우슈비츠로 강제 이송되었다. 그중에 단 4명만이 살아남았다. 그 여인의 이름은 에바 유스틴이다.

유스틴 여사의 상사였던 로베르트 리터는 종전 후에 프랑크푸르트 암 마인Frankfurt am Main 시청 소속 '시립 정신병원'의 원장 직을 맡게 되었다. 그는 예전의 자기 조교에게 프랑크푸르트 시에서 직장을 구해주는 데 성공했다. 1948년 3월 1일에 유스틴 박사는 시립 정신병원에서 '범죄심리학 과장'의 보직을 맡게 되었다. 이 직책으로 그녀는 형사재판 시 감정인으로 위촉되었다. 1960년에 그녀는 기소당했으나 그녀에 대한 프랑크푸르트 검찰청의 수사 절차는 중지되었다.

약 50만 명에 이르는 신티와 로마가 나치에 의해 살해된 것으로 추정된다. 희생자들의 정확한 숫자는 더 이상 추적할 수 없다.

그들에게는 살아서는 집이 없었고, 죽어서는 무덤이 없다. 게다가 독일연방의 추모 행사에서조차 신티와 로마는 오랫동안 추모 대상으로 취급되지 않고 있다.[79]

그들은 그렇게 사라졌다. 그리고 아무도 그들에 대해 묻지 않았다.

79. 비로소 2012년 10월 24일에 이스라엘인 건축가 다니 카라반(Dani Karavan)이 설계한 '신티와 로마'를 추모하는 장소가 베를린 중심(유태인 추모를 위한 베를린 경고비 근처)에 독일 총리 메르겔과 대통령 가욱이 참석한 가운데 개막되었다. 한편, 나치 정권에 의해 실해된 동성애자들과 안락사 희생자들의 추모비 계획도 추진 중이다.

주둥이,
가슴
그리고
반짝이는 돌들
예술가
군터 뎀니히 Gunter Demnig
그리고
그의 특징들

챙 넓은 모자의 한결같은 착용, 또렷한 베를린 억양, 아무리 매서운 추위에도 코트를 입지 않는 의복 습관, 그리고 전화를 하면 언제나 부재중이라는 것이 그의 특징이다.

그러나 그것은 그리 놀랄 일은 아니다. 군터 뎀니히는 여느 때처럼 어떤 집 앞 보도블록을 깨부수고 그 자리에 반짝이는 황동 판이 박힌 콘크리트 블록을 깔아 넣기 위해 전기 착암기와 두꺼운 장갑과 플라스틱 양동이를 실은 작은 용달차를 타고 가고 있는 중일 테니까.

이곳에서 많은 사람들이 끌려 나와 가축 운반 열차에 밀어 넣어졌고, 유럽 땅 절반을 가로질러 강제 이송된 다음 독가스로 살해되었다는 사실을 오늘날 과연 얼마나 많은 사람들이 알고 있을까?

군터 뎀니히는 자신이 제작한 걸림돌로 그 사실을 상기시키고자 한다. 끈기와 꾸준함으로, 고집스럽게. 그는 때때로 이웃, 보행자, 집주인들과 토론을 한다. 그럴 때면 그는 천차만별의 반응을 경험한다. 한 여인이 고백한다.

"우리는 그걸 우리 눈으로 직접 보았어요. 우리는 창턱에 기대어서서 어떻게 우리 이웃들이 끌려가는지를 지켜보았어요."

또는 어떤 노인은 이렇게 외친다.

"우리는 아무것도 몰랐습니다. 전혀 아무것도!"

그렇게 털어놓는 말들을 들을 때면 뎀니히는 생각에 잠긴 채 묵묵히 돌을 보도블록 사이에 두들겨 박는다. 지금 그가 박는 걸림돌에 적힌 사람의 운명을 그는 그리 자세히 알려고 하지 않는다.

"나는 도저히 참지 못할 것 같아서 말입니다"라고 그는 말한다.

그는 아무도 자신의 내면을 들여다보지 못하게 한다. 앞으로도 결코 그렇게 하지 않을 것이다.

자신의 작업으로 끊임없이 길을 걷는 사람들에게 말을 걸고, 동요시키고, 자극하려는 뎀니히. 그는 걸림돌들을 '산재해 있는 기념물'로 보고 있다.

그 돌들은 모든 것이 시작된 바로 그곳, 인간에 대한 잔인한 만행이 자행되기 시작한 바로 그 자리에 박혀 있다. 비밀경찰이 주먹으로 두드렸던 집 문 앞에, 나치 돌격대가 군화로 요란스레 행진했던 보도 위에, 수많은 유태인, 신티와 로마, 동성애자, 공산주의자를 기억하기 위한 표식이 쾰른 시 전체에 심어지고 있다.

1997년부터 지금까지(2003년) 약 250개 주소에 1,100개의 걸림돌이 깔렸다. 그는 첫 번째 걸림돌을 티볼츠가세Thieboldsgasse 88번지, 쾰른 시민 9명이 끌려나와 포로수용소로 강제 이송되었던 집 앞에 박았다.

'걸림돌'을 박고 있는 군터 뎀니히.

　'걸림돌' 사업에 기부하는 사람들의 대다수는 초기엔 주로 희생자들의 친지들이었다. 그러다 점점 더 걸림돌 프로젝트에 관심을 갖게 된 시민들이 이제 75유로(2015년 현재는 125유로)를 기부하기 시작했다. 뎀니히는 자신이 자금을 조달한 돌들에 대해서는 이야기하지 않는다.

　군터 뎀니히는 1947년 베를린에서 태어났다. 그는 베를린과 카셀Kassel에서 미술교육학을 전공했고, 김나지움 교사 자격을 위한 첫 국가고시를 치렀다. 그 후 그는 교사직이 적성에 맞지 않는다고 확신하기에 이르렀다. 그는 문화재 보수자로 일했고, 한동안 카셀 대학 미술과의 조교로 일했다. 1985년에 그는 쾰른으로 왔고 그곳에서 아틀리에를 열었다. 그 이후 그는 라인 강가에 살면서 일하고 있다. 물론 슈프레Spree 강[80]을 부인하지 않으며, 부인할 수도 없는 것은 너무나 당연하다.

　다시 말하지만 그의 독창적인 예술 활동은 상당한 이목을 끈다. 그는

---

80. 베를린을 뚫고 가로질러 흐르는 강.

1990년에 물감 뿌리는 기계로 집합 장소에서부터 가축 운반 열차의 승강장까지 신티와 로마가 끌려간 길을 따라 선을 긋고, '1940년 5월-로마와 신티 1,000명'이란 비문을 새겨놓았는데, 바로 그 행위예술 작업이 걸림돌의 탄생 순간이 된 셈이다.

뎀니히는 오늘도 여전히 고집스럽고 확신에 찬 '68세대'[81]이다. 그는 다른 조각가들이나 행위 예술가들처럼 우아한 갤러리에서 샴페인을 마시고 다과를 나누며 즐기는 일에 별 관심이 없다. 오히려 그는 도심의 선술집에서 쾰른의 맥주를 마시고 다진 소시지가 발린 빵을 먹는 것을 선호한다. 외투를 입지 않은 채, 그러나 챙이 큰 모자를 쓰고서 말이다!

무엇이 그로 하여금 걸림돌을 박도록 동기부여를 하는가? 무엇이 그가 태어나기 훨씬 전에 사망한 사람들을 아주 개인적인 방식으로 기억하게 하는가? 왜 그는 기억들을 반짝거리게 닦기로 결심했는가?

그는 이러한 질문들에 대해 "나도 모르겠어요"라고 답한다. 그러나 이내 생각에 잠기더니 다음과 같이 덧붙인다.

"나는 사물의 자취를 추적하고, 그 흔적을 드러내어 보존하고 싶습니다. 그럼으로써 망각된 사람들이나 사건들을 사람들에게 기억시키려 합니다."

그는 걸림돌을 통해 살해된 사람들에게 최소한 그들의 이름이나마 되돌려주고자 한다.

81. 주로 좌익적 성향을 띤 시민과 대학생의 운동으로 독일에선 60년대에 대학생 데모, 프랑스에선 68년 5월 데모, 폴란드의 68년 3월 시위, 프라하의 봄, 이탈리아의 좌익 로타 콘티누아(Lotta continua: 지속적인 투쟁)의 운동, 미국에선 마틴 루터 킹 임살 이후로 Black Power 운동과 캘리포니아 대학생들의 Free Speech Movement 등이 그 예들이다.

뎀니히는 자신의 걸림돌 작업과 같은 예술행위가 시청이나 다른 관청으로부터 허가를 받을 수 있을지에 대해 별로 신경을 쓰지 않는다. 그는 68세대답게 그러한 일들이 자연스럽게 충돌하도록 내버려둔다. 설사 당국과의 충돌 시 오토 쉴리Otto Schily[82]와 같은 변호사를 오늘날은 더 이상 기대할 수 없을지라도 말이다.

걸림돌을 박아놓을 주소는 바닥나지 않을 것이다. 쾰른 시 문서보관소의 적극적인 도움에도 불구하고, 간혹 모든 흔적이 지워져서 강제 이주를 당한 사람들의 이력을 확인하기 힘들 때가 종종 있다. 그럴 때면 군터 뎀니히는 걸림돌의 이름 아래 그저 물음표를 새겨둔다.

*걸림돌을 기증하고자 하시는 분은,

02 21/25 14 89로 전화 주시길 바랍니다. 또는 E-Mail 주소 demnigkoeln@aol. com an Gunter Demnig 걸림돌 한 개는 75유로[83]입니다.

걸림돌을 들고 있는 군터 뎀니히.

82. 1932~, 변호사, 녹색당 창당 멤버였으나 후일 SPD(독일사회민주당)로 당을 옮겼고, 1998 년에서 2005년까지 SPD와 녹색당 연합정당 시에 내무장관을 지낸 바 있음.
83. 2015년 현재는 125유로.

기억해야 하는가?
잊으려 하는가?
공식적 발언과
개인적 침묵 사이의
괴리에 대하여

윤리강령인 'Sachor!', 히브리어로 '기억하라!'는 유태인들의 규율 중 하나이고 유태민족의 생존에 대한 설명이기도 하다.

토라[84]에서 '기억하는 일'은 삶의 중요한 기본 지침으로 강조되고 있다. '잊지 않을 것'이 유태민족에게 엄명되고 있다. 동시에 '기억할 것'을 경고한다. 그렇기에 '기억하는 일'은 유태민족의 생명을 이어가는 선이며 유태인 역사의 길잡이이다.

재앙과 안녕, 망명과 구원, 핍박과 해방에 대한 기억들은 과거에도 지금도 유태인들의 의식 속에 깊이 각인되어 있다. 개인의 양심에 입각한 기독교의 기억문화와는 달리, 유태교의 기억문화는 집단적 경험에 기반을 두고 있다. 그렇기 때문에 일체감을 제공한다.

기억하기 위하여 기념일이 필요한 민족이 있는가 하면, 기억하기 때문에 기념일을 소유한 민족도 있다.

---

84. Torah: 모세의 율법서, 오경.

독일인 대다수가 박해받은 사람들에 대해 어떤 태도를 취했었는지에 대한 사실은 가해자나 피해자 양쪽 모두의 기억 속에 새겨져 있어 그들의 생각을 좌우한다. 그렇기 때문에 반세기 이상이 지났음에도 불구하고 독일 가정에서는 여전히 제3제국의 유태인 박해와 살해에 대한 주제가 거론될 때면 대부분 침묵한다. 혹여 자녀들이나 손자 세대가 전쟁 시대에 관하여 질문을 할 경우, 전쟁을 겪은 부모 세대는 늘 공습당한 밤들, 피난, 추방, 궁핍 등을 회상한다. 자녀들은 다른 사람들의 고통이 아니라 독일 사람들 자신의 고통에 대해 듣게 된다. 그러나 동시에 자녀들과 손자 세대는 공교육이나 매스컴을 통해 공식적으로 기억하는 작업을 수행하게 된다. 그래서 공식적인 발언과 개인적인 침묵 사이에는 괴리가 발생한다. 기억하는 일은 '습득'을 뜻할 수도 있고 '소원(疏遠, 멀어짐)'을 뜻할 수도 있다. 독일에서 진행되는 기억 작업의 대부분은 오히려 '소원'에 가깝다.

우리에게는 공식적인 추모 문화가 있다. 이른바 '추모 작업'은 한편으로는 '부담을 덜어주고' 다른 한편으로는 '진정한 기억을 장기적으로 방해'한다. 희생자들은 분석, 이론, 통계 뒤로 사라지고, 그래서 기억되어야 할 사람들은 그저 '이름 없는 대상' 혹은 '수동적 희생자'로 인식될 뿐이다. 이러한 공식적 기억 작업의 또 다른 난점은 경직된 의식이다. 추모 행사들은 때때로 기묘한 꽃봉오리를 싹트게 한다. 예를 들어 교육학적 어리석음을 들 수 있다. 독일 곳곳에서 매년 1월 27일 아우슈비츠 추모 행사가 벌어지는데, 이 행사의 가장 중요한 과제는 살해된 사람들의 운명을 교수법적인 입장에서 단지 학습 목표로 삼는 것이다. 만일 추모를 하는 자들과 추모의 대상자들 사이에 내적인 관계가 없다면 추모 작업은 웃음거리에 지나지 않을 것이다.

내가 전해 듣고 이 책에 쓴 이야기들은 쾰른 시 한복판에서 벌어진 일들이다. 그럼에도 불구하고 이 이야기들은 벌써 기억의 언저리 밖으로 밀려나고 있다. 온갖 기억들은 이야기들의 가장 중요한 요소이다. 책임과 무책임, 저항과 순응, 신뢰와 배신, 주저와 감행, 용기와 비겁, 권력, 탐욕, 권리, 양심 그리고 거절과 무시에 대한 기억들 말이다.

언젠가 한나 아렌트Hannah Arendt[85]는 "문제는 우리의 적들이 아니라, 우리의 친구들이었다"라고 시사한 바 있다.

이 책의 목적은 잘잘못을 가리려는 것이 아니라 잘못을 시인할 줄 알아야 한다는 것을 강조하는 데에 있다.

이야기 속에 등장하는 인물들과 사실들은 물론 매우 중요하다. 그러나 무의식적으로 언급될 수 없었던 것들은 아마 더욱 중요할지도 모른다. 앞서 다루어진 각각의 이야기들은 매우 개인적인 인상에 기반을 두고 있다. 이러한 증언들이 다소 회의적일 수 있다는 시각 또한 존재한다. 이야기들은 아주 오랜 시간이 지난 후의 기록이므로 확실성과 정확성에 문제가 있을 수 있다. 후일에 얻은 정보가 개인의 관점을 왜곡시켰을 가능성도 있다.

그럼에도 불구하고 이 보고들은 과거를 재구성하는 데 중요한 역할을 하고 있다. 그것들은 커다란 역사적 사건의 파편이거나, 그저 작은 조각에 불과할지도 모른다. 그렇지만 이러한 기록들은 실제로 일어난 일들을 밝히고, 삶과 죽음의 순간에 머물렀던 사람들을 조명하여 많은 사람들의 눈에 띄게 한다.

---

85. 1906~1975 유태인 출생의 독일, 미국의 정치 이론가, 철학자로 1961년 이스라엘에서 열린 전범 아돌프 아이히만 재판에 『New Yorker』 신문의 기자로 참관 후에 쓴 보고서에서 '악의 평범성'이란 표현으로 상당한 논란을 일으켰다.

이 책에서 언급된 사람들은 절대 잊혀져서는 안 된다. 그들의 살인자들도 마찬가지로 절대 잊혀져서는 안 된다.

쾰른, 2003년 3월
키르스텐 세룹-빌펠트Kirsten Serup-Bilfeldt[86]

---

86. 라디오 방송 작가이며 저술가. 주된 테마는 중세, 유태교, 유태교와 기독교와의 관계, 제3제국 등이다. 다른 저서로는 『대성당과 다비드 별 사이-쾰른에서의 유태인의 삶, 시작부터 지금까지』(2001년)와 『뇌리에 깊이 새겨지다: 어떻게 쾰른 시민들이 2차 세계대전을 겪어야 했는가』(2005년) 등이 있다.

2011년 11월 19일 토요일. 구름 낀 스산한 가을날이었다. 레겐스부르크Regensburg 시내 한복판에서 '걸림돌'을 까는 행사가 시작되고 있었다. 나는 몇 년 전부터 시내 곳곳에서 이 걸림돌들을 보아왔지만 걸림돌들의 동기나 유래 등에 대해서는 전혀 아는 바가 없었다. 그래서 나는 신문에서 행사와 관련된 기사를 읽고 추모 행사에 참여해보기로 결심했다.

길거리 행사장에는 30여 명의 사람들이 모여 있었다. 레겐스부르크의 걸림돌 사업을 위한 모임의 의장인 디터 베버Dieter Weber 씨는 행사 연설 중에 한스 로젠골트Hans Rosengold[87] 씨의 이야기를 들려주었다. 2008년에 부친을 기리는 걸림돌 행사에 참석한 로젠골트 씨는 "살해당한 나의 아버지께 유일하게 남은 것은 이 걸림돌뿐이네. 나에게는 사진 한 장도, 기억할 장소도 없다네……"라는 말을 남겼다고 한다. 나는 이

---

87. 1923년 레겐스부르크 출생, 1939년에 아르헨티나로 망명했다가 전후에 고향으로 되돌아와 45년 이상 유태인공동체 장을 지냈으며 2011년 4월 2일에 87세로 별세.

이야기를 듣는 순간 왈칵 쏟아지는 눈물을 참을 수 없었다.

그날의 첫 걸림돌들은 홀칭어Holzinger 가족이 그 당시 운영했던 의류 상점 건물 앞에 깔렸다. 유일하게 아직 생존해 있는 아들 에른스트 홀칭어Ernst Holzinger 씨가 이스라엘에서 올 계획이었으나, 91세 고령의 나이로 인한 건강상의 이유로 유감스럽게도 참석이 불가능했다.

군터 뎀니히 씨는 레겐스부르크 시 도로 공사 담당 젊은이 두 명이 미리 파놓은 보도블록에 황동 판으로 된 걸림돌들을 박아 넣고 자신의 행위예술의 동기를 간략히 설명했다. 홀칭어 가족의 삶을 연구한 학생 세 명이 간단히 그 가족의 약력을 소개했고, 음악가 울리히 타이히만Ulich Teichmann 씨가 클라리넷으로 클레즈머[88] 가락을 즉흥 연주했다. 장미꽃송이들이 걸림돌 주변에 놓이는 동안 행사 참석자들은 묵념했다. 장례식을 연상시키는 이러한 예식은 장소를 옮겨가며 여러 곳에서 치러졌다. 이렇게 2011년에 레겐스부르크 시에는 총 다섯 군데 도합 26개의 걸림돌이 새로이 더 깔리게 되었다. 그중에는 일곱 살의 나이로 세상을 떠난 잉에 요르단Inge Jordan이라는 소녀의 걸림돌도 있었다. 제대로 살아보지도 못하고 온 가족과 함께 목숨을 빼앗긴 그 어린 소녀의 운명에 대해 전해 듣는 순간 유난히 가슴이 아팠다.

두 번째 장소로 옮겨 가는 동안 한 여인이 느린 독일어로 나에게 "질문해도 되느냐"고 정중히 물었다. 그녀의 질문은 "왜 동양인이 유태인 추모 행사에 관심을 갖느냐?"는 것이었다. 나는 대답했다.

"저는 유년 시절 2차 세계대전의 참상에 대해 알고 나서 인간의 내

---

88. Klezmer: 15세기경에 생겨난 아시케나지 유태인들의 민속음악 전통으로 미국에서 1970년도에 성행하면서 일반적으로 'Jiddisch(약 1,000년 전부터 아시케나지 유태인들이 사용한 언어) 음악'으로 불리고 있다. 그 대표적 음악가로 지오라 페이드만(Giora Feidman)을 꼽을 수 있다.

면에 그토록 잔인한 면이 존재한다는 사실에 경악했고, 특정한 종족이나 민족을 가리지 않고 인간의 본성을 이해하려고 노력하고 있습니다. 게다가 역사적으로 부당한 취급을 받은 유태인들이 열악한 상황에서도 삶을 긍정적으로 대하는 자세에 경의를 표하며, 우연히도 제가 좋아하는 작가, 예술가, 학자들의 다수가 유태인이라 유태 민족의 문화에 특별히 관심이 많습니다."

그 여인은 살며시 미소를 지으며 "저도 유태인입니다"라고 말했다. 그 순간부터 우리는 하루 종일 추모 행사를 따라다니며 많은 대화를 나누었다. 나는 대화 중 조심스레 그녀의 눈치를 살피며, 그녀의 친척들 중에 몇 명이나 나치에 의해 희생되었는지를 물었다. 그녀는 잠시 생각하더니 35명쯤 된다고 대답했다. 그 말을 듣는 순간 온몸에 전율이 일었다. 거의 70년 전의 역사가 피부에 와 닿는 듯했다.

처음에 나는 추모 행사에 참석한 대부분의 사람들이 유태인인 줄 알았다. 그런데 우크라이나에서 약 3년 전에 레겐스부르크 시로 이주해온 이 유태 여성 마리나 슐라이모비치Maryna Shleimovich는 나에게 그날 모인 사람들 중 자신만이 유일한 유태인이라고 귀띔해주었다. 그날은 토요일, 즉 유태인의 안식일Sabbat이라 다른 유태인들은 참석하지 않았지만 자신은 무신론자라 이 행사에 참여하고 있는 중이라고 했다.

마리나의 도움으로 나는 조금씩 그 추모 행사의 상황을 파악해갔다. 나는 곧 '걸림돌' 프로젝트의 창시자 군터 뎀니히 씨가 독일인인 것은 물론 프로젝트를 지원하는 자원봉사자들도 모두 독일인이라는 사실을 알게 되었다. 희생자들의 생애를 추적하고 생존해 있는 희생자들의 친척, 친지, 친구들을 찾아 그 행사에 초대하고, 기부금을 모으고, 전단을 준비하는 등등의 업무를 담당하고 있는 대여섯 명의 자원봉사자들 역시 독일인이라는 사실을 말이다.

뎀니히 씨는 「걸림돌」이라는 기록 영화(2008년)에서 이렇게 말했다.

"우리는 어떤 방식으로든 우리의 죄에 대한 책임을 지고 싶어 한다고 생각합니다. 지금 우리 부모 세대가 이 걸림돌 앞에 서는 것이 옳을 것이지만 그들을 대신해서 우리가 걸림돌 앞에 섰습니다."

뎀니히 씨가 1997년 퀼른에서 처음으로 「걸림돌」 행위예술을 시작한 지 10년째인 2007년 6월 12일, 247번째 도시로 레겐스부르크에도 걸림돌들이 깔리기 시작했다.

레겐스부르크는 바이에른 주에서 최초의 유태인공동체가 세워진 도시이다. 중세 때인 981년부터 레겐스부르크에서 유태인들이 거주하기 시작한 것으로 기록되어 있다. 불행히도 1592년 2월 25일에 반反유태주의가 심해져 시나고그Synagoge가 방화[89]를 당하고, 유태인들의 주거지와 공동묘지가 파괴되고, 유태인들이 레겐스부르크에서 추방되는 사건이 일어났다. 그 사건이 일어나고 160여 년이라는 긴 세월이 흐른 1669년부터 다시 유태인들이 레겐스부르크에 정착하기 시작했다. 그 후 1861년부터 1871년까지 10년 사이에 유태인 숫자는 150명에서 430명으로 늘어났다.

1912년에 도심 브릭스너 호프Brixner Hof 2번지[90]에 새로 시나고그가

89. 당시 방화를 당해 사라진 시나고그의 자리(시내 한복판)를 뒤늦게 발견했고, 2004년에 이스라엘의 예술가 다니 카라반(2012년에 베를린에 신티와 로마를 추모하는 장소도 설계)이 바로 그 자리에 만남의 장소를 구상했다.
90. 현재도 시나고그와 유태인공동체 본부가 자리하고 있음.

세워졌다. 그러나 1938년 11월 9일 악명 높은 크리스털 밤,[91] 그 시나고그에도 예외 없이 방화가 발생했다. 나치 정권에 의해 400여 명의 레겐스부르크 유태인들은 시민권을 박탈당하고, 재산을 강탈당했으며, 강제 이주되었다. 그중 250명이 학살된 것으로 추정된다. 1945년에 3,500여 명의 실향민들displaced persons은 미국이나 이스라엘로 이민을 기다리는 동안 레겐스부르크에 잠시 거주했다. 1953년에 약 400명가량, 1990년에는 60명가량의 유태인들만이 거주했다. 냉전이 끝나고 동유럽에 살던 많은 유태인들이 레겐스부르크로 이주하였다. 현재는 약 1,000명가량의 유태인들이 레겐스부르크에 살고 있다.

나는 2013년 9월 11일 레겐스부르크에서 26개의 걸림돌을 까는 추모 행사에 다시 참석했다. 뎀니히 씨는 2013년에야 비로소 오랫동안 거부해왔던 프랑스가 '걸림돌' 프로젝트를 허가했고, 그에 이어 스위스, 룩셈부르크, 루마니아, 덴마크에도 걸림돌들이 깔릴 수 있게 되었다는 기쁜 소식을 전해주었다(2012년에 네덜란드, 벨기에, 이탈리아, 노르웨이, 오스트리아, 슬로바키아, 체코, 우크라이나, 헝가리가 허가했고, 2013년에는 크로아티아, 러시아도 허가했다. 폴란드는 유명 인사의 걸림돌만 허가했다). 처음엔 프랑스가 오랫동안 거부했다는 사실에 대해 의아함을 금치 못했으나 프랑스에서도 대혁명 직후 잠시 유태인들이 국민의 권리를 누렸을 뿐 19세기 초부터 반反유태 저서들이 출간되면서 반유태주의가 성행한 사실(예를 들어 드레퓌스 사건)을 상기해보니 그리 놀랄 일도 아님을 깨달았다. 2차 대전 이전에도 오랫동안 프랑스뿐 아니라 유럽 전역에서 반유태주의가 팽배해 있었고, 다만 나치에 의해 그러한 반유태주의가 극

91. 때려 부순 시나고그, 유태인 상점들, 집들의 깨진 유리창 파편들에서 유래한 포그롬 (Pogrom) 밤을 가리키는 별명.

치에 이르렀던 것이다.

걸림돌 프로젝트를 둘러싸고 일어난 몇몇 어려운 문제들도 있었다. 독일 전역에 거주하는 유태인들을 대표하는 유태인공동체 중앙 고문 회장이었던 샬로테 크노블로흐Charlotte Knobloch 여사가 '걸림돌' 프로젝트는 "참을 수 없고" 다시금 "짓밟히는" 느낌이 들게 한다고 반대 의사를 표명하는 바람에 이미 깔았던 2개의 걸림돌을 다시 파내야 하는 사태가 벌어졌다. 뮌헨의 유태인 희생자들을 위해 이미 제작된 200개의 걸림돌들은 보도에 박히지 못한 채 어느 지하실에 보관되어 있다.[92] 뎀니히 씨는 크노블로흐 여사의 반대 의사에 대해 "걸림돌에 새겨진 이름을 읽으려면 당연히 허리를 구부려야 하므로 절을 하게 된다"고 재치 있게 반박하기도 했다(함부르크 석간 『Hamburger Abendblatt』 기사: 걸림돌, 2009년 12월 1일). 더욱이 걸림돌의 황동 판은 자주 밟아주어야 반짝반짝 빛이 난다. 그렇지 않으면 탁해진다.

쾰른의 한 변호사가 자기 집 앞에 깔린 걸림돌 때문에 집 가치가 떨어졌다고 소송을 걸었으나 슈투트가르트Stuttgart 지방법원은 원고 청구 기각 판결을 하였다. 또 군터 뎀니히 씨는 18년간 이 작업을 하는 동안 세 번씩이나 살해 위협의 협박 전화를 받았다고 했다.

그동안 약 1,300개의 걸림돌들이 더럽혀졌다. 걸림돌 프로젝트 반대자들은 걸림돌들이 안 보이게 페인트칠을 하거나, 타르나 실리콘으로 덧씌우기도 했다. 심지어 100개가량의 걸림돌들은 파헤쳐지기도 했다. 할레 안 데어 잘레Halle an der Saale에서는 8개의 걸림돌들이 사라진 사건이 발생했을 때, 그곳 음악가들이 콘서트를 열어 모은 성금으로 새로

---

92. 작년에 다시 뮌헨의 걸림돌 문제를 둘러싸고 뜨거운 논쟁이 시작되었으나, 2015년 초에 또다시 반대 의사가 많아 결국 걸림돌을 깔 수 없게 되었다.

걸림돌들을 박아 넣기도 했다.

2011년 쾰른의 세무청은 27,000개의 걸림돌 제작비에 대해 부가가치세 19%를 부과했는데, 그 이유는 걸림돌은 대량생산품일 뿐 그 어떤 창작적 작업이 아니기 때문에 다른 예술작품처럼 7%의 세금을 부과할 수 없다는 것이었다. 그러나 끈질긴 논쟁 끝에 결국 세무청장은 부가가치세를 7%로 인하 결정했다.

이와 같이 부정적인 사례들도 있었으나 다행히 긍정적인 사례들이 훨씬 더 많았다. 군터 뎀니히 씨는 특히 학생, 청소년들에게서 아주 긍정적인 반응을 본다고 했다. 희생자들의 약력 연구는 주로 학생들이 맡아 조사하고 발표하는데, 희생자들의 삶의 흔적을 추적하는 과정에서 학생들은 역사 속으로 사라진 피상적인 희생자가 아니라 구체적인 한 인간을 만날 수 있다는 것이다. 그럼으로써 청소년들은 희생자들의 고통을 가까이에서 공감하고 연민Empathie을 느끼고, 경각할 수 있는 기회를 갖게 된다는 것이다.

서로의 생존 여부를 모르고 이스라엘에서 살고 있던 두 친척 집안사람들이 걸림돌 행사를 통해 상봉하여 지금까지 친밀한 관계를 맺고 있는 사례를 뎀니히 씨는 가장 보람되고 기억에 남는 에피소드로 꼽고 있다.

2014년 7월 9일 나는 매년 한 번 레겐스부르크에서 열리는 '걸림돌' 행사에 친한 친구가 된 마리나와 함께 다시 참석했다. 작년부터는 뎀니히 씨가 하루 종일이 아니라 단지 반나절만 손수 레겐스부르크의 걸림돌들을 박아 넣는다. 하루에도 두세 도시에서, 심지어 어두운 저녁까지 돌들을 박아야 할 정도로 많은 사람들이 걸림돌을 기증한다고 그는 말했다. 이미 그 프로젝트를 여섯 명으로 구성된 팀(2005년부터 동료 조각가 미하엘 프리드리히-프리들렌더Michael Friedrich-Friedländer가 걸림돌 제작을 맡고 있음)이 돕고 있으며, 올해도 이미 일정이 꽉 차 있다고 했다. 레겐스부르크에는 이제 도합 178개의 걸림돌이 깔렸다. 2015년 현재 18개 유럽 국가들에 약 50,000개가 넘는 걸림돌이 깔려 있다. 반가운 소식이다.

독일은 2014년 브라질 월드컵에서 우승했다. 며칠 동안 독일의 매스컴들은 우승의 기쁨을 전하느라 떠들썩했다. 월드컵 기간 독일에서는 곳곳에서 국기가 펄럭였고, 자동차들은 국기를 달고 주행했으며, 사람들은 떼로 모여 경기를 관전하며 환호성을 질렀다. 이미 5년 전 월드컵 때부터 독일에서는 국기를 휘날리고 얼굴, 손톱에 국기를 그리는 것이 유행이 되었는데, 독일 지성인들은 이에 대해 염려를 표하고 있다. 심지어 티브이 좌담 프로그램에서 독일인들의 이러한 새로운 자아의식의 발현에 대해 심각하게 토론을 할 정도였다.

양 대전의 쓰라린 경험을 치른 독일 국민들은 지나친 민족주의적 태도에 대해 스스로 경계한다. 작년 유럽연합 선거가 있었는데 프랑스를 비롯한 상당수의 유럽 국가들에서 극우 보수주의자들이 쾌거를 올리는 불미스러운 결과가 나왔다. 그나마 다행히 독일에서는 그와 반대로 극우 보수주의자들에 대한 국민의 지지가 저조했다. 아마도 걸림돌 프로젝트와 같은 작업을 통해 독일 국민들은 역사의 오류를 반성하고 새로이 경각함으로써 잘못된 '민족주의'가 '배타주의'로 될 수 있다는 사실을 스스로 끊임없이 상기시키고 있기 때문일는지도 모른다.

아르메니아인 대학살을 여전히 공식적으로 시인하지 않는 터키나, 대동아 전쟁 당시 저지른 만행을 시인하기는커녕 오히려 핵폭탄의 피해자로 숨어든 일본 같은 나라들은 과거 청산 작업에 있어 독일과는 현저한 차이를 보인다.

냉전이 끝난 지금도 여전히 종교나 종파 등을 구실로 한 대리전쟁들이 세계 곳곳에서 끊이지 않고 있다. 수십 년간 계속되고 있는 아프가니스탄의 갈등은 물론 미국이 들쑤셔놓은 이라크 땅에서 이슬람교도들이 수니파와 시아파로 나뉘어 적대하고 있고, 게다가 IS의 등장으로 세계 평화의 소망은 위기에 처해 있다. 아랍권의 크고 작은 전쟁은 말할 필요도 없고, 수년간 내전으로 인해 시리아는 폐허가 되다시피 했다. 심지어 미얀마에서 불교신자들이 이슬람교도를 학살하는 수치스러운 사건도 발생했다.

이렇듯 세계 곳곳에서 벌어지는 학살과 전쟁으로 인해 생겨난 난민의 수는 2차 세계대전 당시의 난민 수를 능가해 대략 6,000만 명에 이른다고 한다. 현재 유럽공동체에서 난민 수용 문제를 놓고 격렬한 논쟁이 진행되고 있다. 이슬람권의 난민을 수용하지 않으려는 소수 국민의 움직임인 "PEGIDA"[93] 때문에 국가 위신이 손상되기도 했지만, 다행히 독일 국민 다수는 양 대전에서 저지른 과오를 반복하지 않으려고 인권을 중요시하는 입장에서 난민 수용을 찬성하고, 기부도 하고, 난민 돕기 봉사에 자원하기도 한다. 난민 수용의 과제는 독일 국민이 과거의 과오를 제대로 반성했는지 판가름할 수 있는 기회가 될 것이다.

냉전이 예상치도 않게 평화롭게 종식되었을 때, 우리는 잠시 동안 미래가 평화로울 거라는 망상에 빠졌었던 것일까?

무수한 전쟁의 역사를 거치면서도 우리 인류는 아직도 깨닫고 배운

---

93. Patriotishe Europäer gegen Islamisierung des Abendlandes의 약자로 '서양의 이슬람화를 반대하는 애국적 유럽인'이란 뜻을 갖고 있으며, 드레스덴을 중심으로 조직적인 데모를 벌이고 있다.

바가 없단 말인가? 자연재해나 전염병 등으로 인류가 재앙을 맞는 것은 어쩔 수 없는 운명으로 받아들인다고 하더라도, 인간들 서로에게 가하는 잔인함은 받아들이기 힘들고 치유되기 어려운 상처로 남는다. 우리 인류가 역사적으로 볼 때 서로 끊임없이 상잔하고 전쟁하는 존재라 하더라도 평화의 쟁취는 여전히 우리 손에 달려 있다. 가끔씩 '걸림돌'에 걸려 넘어지면서 다시금 정신을 차리고 우리 속에서 자라고 있는 증오심, 배타감, 잔인성 등의 싹들을 제거할 수 있기를 염원한다.

레겐스부르크 유태인공동체 도서관 사서로 자원봉사를 하고 있는 마리나의 권유로 나는 이 책 『걸림돌Stolpersteine』을 읽게 되었고, 이를 한국 독자들에게 소개하고 싶었다. 나는 알베르트 카우프만Albert Kaufmann이 딸에게 쓴 편지들을 읽을 때마다 매번 눈물이 흐르는 것을 억제할 수 없다.

한국의 독자들이 유럽 여행을 하게 되면 한 번쯤 걸림돌에 걸리길 바란다. 이를 통해 지금 한국 사회에서 한국인들과 공존하고 있는 외국인 노동자들이나 그 밖의 사회적 약자들에 대한 우리의 태도를 반성해볼 수 있는 기회가 되기를 희망한다.

2015년 8월 15일
레겐스부르크에서
문봉애

감사의 말

30년의 타향살이로 모국어가 무디어져 번역이 미흡함에도 불구하고 기꺼이 출판을 맡아주신 정광일 사장님께 특별히 감사드리고, 추천과 격려를 아끼지 않으신 안경환 교수님께도 진심으로 감사드린다.

바쁜 중에도 어휘를 다듬어주고 교정을 보아주신 오라버니와 인내심을 갖고 컴퓨터 작업에 도움을 준 가족 모두에게 사랑과 고마움을 전한다.

I'd like to express my gratitude towards Kiepenheuer & Witsch publishing house in Köln for supporting me throughout my endeavor of writing this book. Their guidance and support is much appreciated. Special thanks go to Mrs. Aleksandra Erakovic for her extensive help and friendliness.

I also want to thank the following persons and institutions for generously providing me free of charge with the rights for various images used in the book:

1) Mr.Jochen Bilstein, Remscheid

2) Bundesarchiv Berlin

3) Mr.Gesche-M. Cordes

4) NS-Dokumentationszentrum Köln

5) Die Photographische Sammlung/ SK Stiftung Kultur-August Sander Archiv, Köln

6) Schmittmann-Archiv

7) Synagogengemeinde Köln

Their contribution helped to make the book more lively and I am very grateful for that.

Finally I'd like to thank my good friend Maryna Shleimovych(a librarian of the jewish community in Regensburg) for inspiring me by recommending the book "Stolpersteine" in the first place.

Disclaimer: Despite great effort and diligence it sadly was not possible to reach out to the owners of all the images used. Please contact the publishing house if your images were used without credit.

살아남은 자의 슬픔

물론 나는 알고 있다.
오직 운이 좋았던 덕택에
나는 그 많은 친구들보다
오래 살아남았다.

그러나 지난 밤 꿈속에서
이 친구들이 나에 대하여
이야기하는 소리를 들었다.

"강한 자는 살아남는다"
그러자 나는 자신이 미워졌다.

베르톨트 브레히트

삶의 행복을 꿈꾸는 교육은
어디에서 오는가? 미래 100년을 향한 새로운 교육

혁신교육을 실천하는 교사들의 필독서

▶ 교육혁명을 앞당기는 배움책 이야기
혁신교육의 철학과 잉걸진 미래를 만나다!

 핀란드 교육혁명
한국교육연구네트워크 총서 01 | 320쪽 | 값 15,000원

 일제고사를 넘어서
한국교육연구네트워크 총서 02 | 284쪽 | 값 13,000원

 새로운 사회를 여는 교육혁명
한국교육연구네트워크 총서 03 | 380쪽 | 값 17,000원

 교장제도 혁명
한국교육연구네트워크 총서 04 | 268쪽 | 값 14,000원

 새로운 사회를 여는 교육자치 혁명
한국교육연구네트워크 총서 05 | 312쪽 | 값 15,000원

 혁신학교에 대한 교육학적 성찰
한국교육연구네트워크 총서 06 | 308쪽 | 값 15,000원

 혁신학교
성열관·이순철 지음 | 224쪽 | 값 12,000원

 행복한 혁신학교 만들기
초등교육과정연구모임 지음 | 264쪽 | 값 13,000원

 서울형 혁신학교 이야기
이부영 지음 | 320쪽 | 값 15,000원

 혁신교육, 철학을 만나다
브렌트 데이비스·데니스 수마라 지음
현인철·서용선 옮김 | 304쪽 | 값 15,000원

 혁신교육 존 듀이에게 묻다
서용선 지음 | 292쪽 | 값 14,000원

 다시 읽는 조선 교육사
이만규 지음 | 750쪽 | 값 33,000원

 프레이리와 교육
한국교육연구네트워크 번역 총서 01
존 엘리아스 지음 | 한국교육연구네트워크 옮김
276쪽 | 값 14,000원

 교육은 사회를 바꿀 수 있을까?
한국교육연구네트워크 번역 총서 02
마이클 애플 지음 | 강희룡·김선우·박원순·이형빈 옮김
352쪽 | 값 16,000원

 **비판적 페다고지는
세상을 변화시킬 수 있는가?**
한국교육연구네트워크 번역 총서 03
Seewha Cho 지음 | 심성보·조시화 옮김 | 280쪽 | 값 14,000원

 마이클 애플의 민주학교
한국교육연구네트워크 번역 총서 04
마이클 애플·제임스 빈 엮음 | 강희룡 옮김 | 276쪽 | 값 14,000원

 미래교육의 열쇠, 창의적 문화교육
심광현·노명우·강정석 지음 | 368쪽 | 값 16,000원

 대한민국 교사, 어떻게 가르칠 것인가?
윤성관 지음 | 320쪽 | 값 15,000원

 아이들을 어떻게 가르칠 것인가
사토 마나부 지음 | 박찬영 옮김 | 232쪽 | 값 13,000원

 아이들의 배움은 어떻게 깊어지는가
이시이 준지 지음 | 방지현·이창희 옮김 | 200쪽 | 값 11,000원

 모두를 위한 국제이해교육
한국국제이해교육학회 지음 | 364쪽 | 값 16,000원
2015 세종도서 학술부문

 경쟁을 넘어 발달 교육으로
현광일 지음 | 288쪽 | 값 14,000원

 독일 교육, 왜 강한가?
박성희 지음 | 324쪽 | 값 15,000원

 대한민국 교육혁명
교육혁명공동행동 연구위원회 지음 | 152쪽 | 값 5,000원

▶ 비고츠키 선집 시리즈
발달과 협력의 교육학 어떻게 읽을 것인가?

 생각과 말
레프 세묘노비치 비고츠키 지음
배희철·김용호·D. 켈로그 옮김 | 690쪽 | 값 33,000원

 성장과 분화
L.S. 비고츠키 지음 | 비고츠키 연구회 옮김
308쪽 | 값 15,000원

 도구와 기호
비고츠키·루리야 지음 | 비고츠키 연구회 옮김
336쪽 | 값 16,000원

 관계의 교육학, 비고츠키
진보교육연구소 비고츠키교육학실천연구모임 지음
300쪽 | 값 15,000원

 어린이 자기행동숙달의 역사와 발달 I
L.S. 비고츠키 지음 | 비고츠키 연구회 옮김
564쪽 | 값 28,000원

 비고츠키 생각과 말 쉽게 읽기
진보교육연구소 비고츠키교육학실천연구모임 지음
316쪽 | 값 15,000원

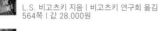 **어린이 자기행동숙달의 역사와 발달 II**
L.S. 비고츠키 지음 | 비고츠키 연구회 옮김
552쪽 | 값 28,000원

 비고츠키와 인지 발달의 비밀
A.R. 루리야 지음 | 배희철 옮김 | 280쪽 | 값 15,000원

 어린이의 상상과 창조
L.S. 비고츠키 지음 | 비고츠키 연구회 옮김
280쪽 | 값 15,000원

 수업과 수업 사이
비고츠키 연구회 지음 | 196쪽 | 값 12,000원

▶ 평화샘 프로젝트 매뉴얼 시리즈
학교 폭력에 대한 근본적인 예방과 대책을 찾는다

 학교 폭력 어떻게 만들어지는가
문재현 외 지음 | 300쪽 | 값 14,000원

 아이들을 살리는 동네
문재현·신동명·김수동 지음 | 204쪽 | 값 10,000원

 학교 폭력, 멈춰!
문재현 외 지음 | 348쪽 | 값 15,000원

 평화! 행복한 학교의 시작
문재현 외 지음 | 252쪽 | 값 12,000원

 왕따, 이렇게 해결할 수 있다
문재현 외 지음 | 236쪽 | 값 12,000원

 마을에 배움의 길이 있다
문재현 지음 | 208쪽 | 값 10,000원

 젊은 부모를 위한 백만 년의 육아 슬기
문재현 지음 | 248쪽 | 값 13,000원

▶ 교과서 밖에서 만나는 역사 교실
상식이 통하는 살아 있는 역사를 만나다

전봉준과 동학농민혁명
조광환 지음 | 336쪽 · 값 15,000원

남도의 기억을 걷다
노성태 지음 | 344쪽 · 값 14,000원

응답하라 한국사 1·2
김은석 지음 | 356쪽·368쪽 · 각권 값 15,000원

즐거운 국사수업 32강
김남선 지음 | 280쪽 · 값 11,000원

즐거운 세계사 수업
김은석 지음 | 328쪽 · 값 13,000원

강화도의 기억을 걷다
최보길 지음 | 276쪽 · 값 14,000원

광주의 기억을 걷다
노성태 지음 | 348쪽 · 값 15,000원

교과서 밖에서 배우는 역사 공부
정은교 지음 | 292쪽 · 값 14,000원

팔만대장경도 모르면 빨래판이다
전병철 지음 | 360쪽 · 값 16,000원

빨래판도 잘 보면 팔만대장경이다
전병철 지음 | 360쪽 · 값 16,000원

영화는 역사다
강성률 지음 | 288쪽 · 값 13,000원

친일 영화의 해부학
강성률 지음 | 264쪽 · 값 15,000원

한국 고대사의 비밀
김은석 지음 | 304쪽 · 값 13,000원

▶ 창의적인 협력수업을 지향하는 삶이 있는 국어 교실
우리말 글을 배우며 세상을 배운다

중학교 국어 수업 어떻게 할 것인가?
김미경 지음 | 332쪽 · 값 15,000원

토론의 숲에서 나를 만나다
명혜정 엮음 | 312쪽 · 값 15,000원

토닥토닥 토론해요
명혜정·이명선·조선미 엮음 | 288쪽 · 값 15,000원

이야기 꽃 1
박용성 엮어 지음 | 276쪽 · 값 9,800원

이야기 꽃 2
박용성 엮어 지음 | 294쪽 · 값 13,000원

인문학의 숲을 거니는 토론 수업
순천국어교사모임 엮음 | 308쪽 · 값 15,000원

▶ **4·16, 질문이 있는 교실 마주이야기**
통합수업으로 혁신교육과정을 재구성하다!

통하는 공부
김태호·김형우·이경석·심우근·허진만 지음
324쪽 | 값 15,000원

주제통합수업, 아이들을 수업의 주인공으로!
이윤미 외 지음 | 392쪽 | 값 17,000원

내일 수업 어떻게 하지?
아이함께 지음 | 300쪽 | 값 15,000원

수업과 교육의 지평을 확장하는 수업 비평
윤양수 지음 | 316쪽 | 값 15,000원
2014 문화체육관광부 우수교양도서

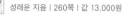
인간 회복의 교육
성래운 지음 | 260쪽 | 값 13,000원

교사, 선생이 되다
김태은 외 지음 | 260쪽 | 값 13,000원

교과서 너머 교육과정 마주하기
이윤미 외 지음 | 368쪽 | 값 17,000원

교사의 전문성, 어떻게 만들어지나
국제교원노조연맹 보고서 | 김석규 옮김
392쪽 | 값 17,000원

수업 고수들 수업·교육과정·평가를 말하다
박현숙 외 지음 | 368쪽 | 값 17,000원

수업의 정치
윤양수·원종희·장군 지음 | 280쪽 | 값 14,000원

도덕 수업, 책으로 묻고 윤리로 답하다
울산도덕교사모임 지음 | 320쪽 | 값 15,000원

학교협동조합,
현장체험학습과 마을교육공동체를 잇다
주수원 외 지음 | 296쪽 | 값 15,000원

체육 교사, 수업을 말하다
전용진 지음 | 300쪽 | 값 15,000원

거꾸로교실,
잠자는 아이들을 깨우는 수업의 비밀
이민경 지음 | 280쪽 | 값 14,000원

교실을 위한 프레이리
아이러 쇼어 엮음 | 사람대사람 옮김 | 412쪽 | 값 18,000원

교사는 무엇으로 사는가
정은균 지음 | 292쪽 | 값 15,000원

걸림돌
키르스텐 세룹-빌펠트 지음 | 문봉애 옮김 | 248쪽 | 값 13,000원

▶ 더불어 사는 정의로운 세상을 여는 인문사회과학
사람의 존엄과 평등의 가치를 배운다

밥상혁명
강양구·강이현 지음 | 298쪽 | 값 13,800원

좌우지간 인권이다
안경환 지음 | 288쪽 | 값 13,000원

도덕 교과서 무엇이 문제인가?
김대용 지음 | 272쪽 | 값 14,000원

민주 시민교육
심성보 지음 | 544쪽 | 값 25,000원

자율주의와 진보교육
조엘 스프링 지음 | 심성보 옮김 | 320쪽 | 값 15,000원

민주 시민을 위한 도덕교육
심성보 지음 | 500쪽 | 값 25,000원
2015 세종도서 학술부문

민주화 이후의 공동체 교육
심성보 지음 | 392쪽 | 값 15,000원
2009 문화체육관광부 우수학술도서

교과서 밖에서 배우는 인문학 공부
정은교 지음 | 280쪽 | 값 13,000원

갈등을 넘어 협력 사회로
이창언·오수길·유문종·신윤관 지음 | 280쪽 | 값 15,000원

오래된 미래교육
성재걸 지음 | 392쪽 | 값 18,000원

동양사상과 마음교육
정재걸 외 지음 | 356쪽 | 값 16,000원
2015 세종도서 학술부문

대한민국 의료혁명
전국보건의료산업노동조합 엮음 | 548쪽 | 값 25,000원

교과서 밖에서 배우는 철학 공부
정은교 지음 | 280쪽 | 값 14,000원

교과서 밖에서 배우는 고전 공부
정은교 지음 | 288쪽 | 값 14,000원

교과서 밖에서 배우는 사회 공부
정은교 지음 | 304쪽 | 값 15,000원

전체 안의 전체 사고 속의 사고
김우창의 인문학을 읽다
현광일 지음 | 320쪽 | 값 15,000원

▶ 살림터 참교육 문예 시리즈
영혼이 있는 삶을 가르치는 온 선생님을 만나다!

꽃보다 귀한 우리 아이는
조재도 지음 | 244쪽 | 값 12,000원

선생님이 먼저 때렸는데요
강병철 지음 | 248쪽 | 값 12,000원

성깔 있는 나무들
최은숙 지음 | 244쪽 | 값 12,000원

서울 여자, 시골 선생님 되다
조경선 지음 | 252쪽 | 값 12,000원

아이들에게 세상을 배웠네
명혜정 지음 | 240쪽 | 값 12,000원

행복한 창의 교육
최창의 지음 | 328쪽 | 값 15,000원

밥상에서 세상으로
김흥숙 지음 | 280쪽 | 값 13,000원

북유럽 교육 기행
정애경 외 14인 지음 | 288쪽 | 값 14,000원

▶ 남북이 하나 되는 두물머리 평화교육
분단 극복을 위한 치열한 배움과 실천을 만나다

10년 후 통일
정동영·지승호 지음 | 328쪽 | 값 15,000원

선생님, 통일이 뭐예요?
정경호 지음 | 252쪽 | 값 13,000원

분단시대의 통일교육
성래운 지음 | 428쪽 | 값 18,000원

김창환 교수의 DMZ 지리 이야기
김창환 지음 | 264쪽 | 값 15,000원

▶ 출간 예정

근간 **마을교육공동체란 무엇인가**
서용선 외 지음

근간 **21세기 교육과 민주주의**
닐 니딩스 지음 | 심성보 옮김

근간 **마음의 힘을 기르는 감성수업, 어떻게 할까?**
조선미 지음

근간 **선생님이 궁금해하는 한국사의 비밀 20가지**
김은석 지음

근간 **연령과 위기**
L.S. 비고츠키 지음 | 비고츠키연구회 옮김

근간 **조선근대교육의 사상과 운동**
윤건차 지음 | 이명실·심성보 옮김

근간 **조선족 근현대 교육사**
정미량 지음

근간 **작은 학교 이야기**
지경준 지음

근간 **핀란드 교육의 기적은 어떻게 만들어지나**
Hannele Niemi 외 지음 | 장수명 외 옮김

근간 **미국의 진보주의 교육 운동사**
윌리엄 헤이스 지음 | 심성보 외 옮김

근간 **고쳐 쓴 갈래별 글쓰기 1**
(시·소설·수필·희곡 쓰기 문예 편)
박안수 지음(개정 증보판)

근간 **교사, 학교를 바꾸다**
정진화 지음

근간 **존 듀이와 교육**
한국교육연구네트워크번역총서 05 | 짐 개리슨 외 지음

근간 **고쳐 쓴 갈래별 글쓰기 2**
(논술·논설문·자기소개서·자서전·독서비평·설명문·보고서 쓰기 등 실용 고교용)
박안수 지음(개정 증보판)

근간 **함께 만들어가는 강명초 이야기**
이부영 외 지음

근간 **민주주의와 교육**
Pilar Ocadiz, Pia Wong, Carlos Torres 지음 | 유성상 옮김

근간 **어린이와 시 읽기**
오인태 지음

근간 **경기의 기억을 걷다**
경기남부역사교사모임 지음

참된 삶과 교육에 관한
생각 줍기